国家自然科学基金项目“行为公共管理视角下我国公共组织污名研究：内涵结构、双刃剑效应及其机制”（编号：72074091）、2022年湖北省社科基金一般项目（后期资助项目）“中国本土化公共服务动机研究”和华中科技大学中央高校基本科研业务费项目“我国公务员职业使命感影响因素、形成机制及作用研究”（HUST：2019WKYXQN035）资助出版

中国本土化公共服务动机研究

陈诚　著

WUHAN UNIVERSITY PRESS
武汉大学出版社

图书在版编目(CIP)数据

中国本土化公共服务动机研究/陈诚著.—武汉：武汉大学出版社，2022.12

ISBN 978-7-307-23267-9

Ⅰ.中…　Ⅱ.陈…　Ⅲ.公共服务—研究—中国　Ⅳ.D669.3

中国版本图书馆 CIP 数据核字(2022)第 154429 号

责任编辑:聂勇军　　责任校对:李孟潇　　版式设计:马　佳

出版发行：**武汉大学出版社**　(430072　武昌　珞珈山)

(电子邮箱：cbs22@ whu.edu.cn　网址：www.wdp. com.cn)

印刷:武汉图物印刷有限公司

开本:720×1000　1/16　印张:13.75　字数:202 千字　插页:2

版次:2022 年 12 月第 1 版　2022 年 12 月第 1 次印刷

ISBN 978-7-307-23267-9　定价:46.00 元

前　言

“动机”既是一个被频繁谈及的生活话题，也是职场管理与学术研究的经典主题。当然，此处“动机”无丝毫贬损之意。在“躺平”“佛系”“内卷”等词语流行的当今时代，动机对于每个人来说显得弥足珍贵。以职场为例，试想一下，当员工没有来自薪酬、成就、权力等的动机时，他们就会缺乏追求进步的动力，对晋升、评优、责任等都会漠不关心，随之而来的还有迟到早退、职业倦怠、犬儒主义等。或者，当员工只关心工作绩效是否会获得薪酬、晋升等外部激励，而忽视工作本身的乐趣和自我能力提升的目标时，随之而来的可能还有情绪耗竭、身心疲惫和非伦理行为问题。由此可见，探究动机的构成、表现形式、前因后果等就显得尤为重要。

本书主要探讨公共组织中员工的公共服务动机。实际上，在与动机研究相关的文献中，较早研究者更多关注的是非公共组织(如企业)中员工的动机，这种动机往往与利润追求密切相关。譬如，企业中的员工实施创新行为，可能既有外在又有内在因素的驱动，但受到企业组织核心目标的影响，创新最终还是需要与利润转化联系起来。类似的研究在工商管理领域中较为普遍。但人们很快发现，在公共组织中，有些优秀的员工与管理者，他们实施某种行为并非出于盈利的目的，或者说很难用经济人的假设来推断其行为。例如，在我国，有一些公务员长期在行走困难的山区默默奉献，他们会倾其所有帮助山里的村民；又如，在各个公共部门或领域，都有一些廉洁奉公、主动担责、不图名利的优秀工作者，他们热爱自己的工作，乐在其中。相对于企业家或者企业员工，这些公共部门员工的物质待遇一般，但他们仍然表现出了对本质工作的热爱，用他们的坚守、执着、奉献来感染所服务的对象。从这些现象中不难看出，存在一种特殊的或有别于以前的动机，驱动公共部门员工超越个体利益来努力付出。这种动机正是本书将要系统研究的公共服务动机。

研究公共服务动机具有显著的理论意义。作为一个独立的学术概念，针对公共服务动机的相关研究非常丰富，既有的文献数量已经证实了其独特的价值。在个体层面，无数学者研究公务员的态度、行为或绩效，几乎都无法绕开公共服务动机这个因素，它既可能是前面这些个体表现的重要前因变量或中介机制，也可能成为其他前因或机制必须予以关注的重要对象；在组织层面，公共部门的管理策略或领导风格，也将对公务员的公共服务动机带来或大或小的影响，进而影响到这些组织因素最终带来的效果。从某种意义上说，公共服务动机已成为公共管理领域最关键的话题之一，对其开展更深入和系统的探讨，有助于推动该领域的理论研究。

研究公共服务动机更具有强烈的时代使命感。改革开放以来，我国经济社会发生了翻天覆地的变化，无论是来自私营领域的企业家与员工，还是公共管理部门的领导者与职工，他们都为我国的发展做出了巨大的贡献。但遗憾的是，随着市场经济改革的持续推动，公共管理部门的管理者与员工受到了巨大的挑战，核心之处在于如何处理与平衡公共管理活动中的非经济性与市场的经济诱惑。如果一个拥有公权的人整天做着企业家的梦想，“既想当官又想发财”，他们就极易衍变为腐败分子。在当今时代，培养与塑造公务员良好的公共服务动机，是保持公务员队伍纯洁性、先进性与稳定性的重要手段，也是增强公务员工作幸福感与成就感的关键。

鉴于公共部门员工公共服务动机的重要性，本书聚焦于中国本土化公共服务动机的研究。本书共包括七章内容：第一章为绪论，介绍本书研究背景、研究目标与意义、研究内容与方法和研究特色与创新；第二章为公共服务动机理论，介绍了公共服务动机的概念及本土化内涵、公共服务动机的结构与测量、公共服务动机的作用结果、公共服务动机的影响因素和对当前研究的述评；第三章为本土化情境下我国员工公共服务动机的影响因素，本书利用元分析方法，从人口统计特征、个性因素、组织因素三个方面系统构建了公共服务动机影响因素模型，并检验了人口统计特征、发表语言和公共服务动机测量工具的调节作用；第四章为本土化情境下我国员工公共服务动机的结果研究，利用元分析方法，从工作态度、绩效和工作行为以及员工心理健康三个方面系统构建了公共服务动机的结果模型，并检验了发表语言、公共服务动机测量工具和人口统计特征的调节作用；第五章为大学生公共部门就业倾向的影响因素研究，具体探讨了疫情背景下大学生选择去公共部门就业是基于公共服务动机还是工作稳定性的原因，以及大学生性别和疫情服务满意度的调节作用；第六章为公共服务动机对公共部门雇员绿色行为的影响及其作用机制研究，具体分析了个人环保规范在公共服务动机和员工绿色行为之间的中介作用，以及工作组绿色倡导感知的调节作用；第七章为本土化公共服务动机提升策略，从国家层面、组织层面和个体层面提出相应的管理对策。

由于篇幅限制以及笔者才疏学浅，本书并没有对公共服务动机进行最基础、全面的研究，或者说笔者并非尝试着推翻前人的研究成果，而是想“站在巨人的肩膀上”，对既有研究进行总结归纳，并结合中国实际研究一些有意义的问题。期望本书的研究结果，对从事公共部门理论研究或管理实践的相关人士能带来一定的启示。

陈　诚

2022 年 6 月于华中科技大学

目　　录

第一章　绪　　论

第一节　研究背景

一、公共服务动机的重要性

习近平总书记明确指出，进一步完善和发展中国特色社会主义制度，推进国家治理体系和治理能力现代化，提高新时代公务员队伍建设是关键。作为治国理政、服务人民的骨干力量，公务员及其职业活动一直备受人们关注。近年来，随着社会对行政管理与公共服务需求的不断增加，公务员的工作不仅仅是为了被动完成各项任务，保住自己的铁饭碗，还需具有更强的内在动机和职业使命感。

在公共管理研究领域，Perry 等[1]提出的公共服务动机（Public Service Motivation，PSM）即上述内在工作动机的具体体现。通常，公共服务动机被视为“个体响应主要或完全地基于公共机构和组织的动机的倾向”，包括对公共政策制定的吸引力、公共利益承诺、同情心和自我牺牲等方面。公共服务动机强调个体志愿为公共组织、公众和社会服务的倾向，是习近平总书记提出的“信念坚定、为民服务、勤政务实、敢于担当、清正廉洁”的好干部标准的外化展现。公务员队伍只有时刻保持高水平的公共服务动机，才能不断贯彻新发展理论，构建新时代发展所需的治理能力，进而有效提升公共服务水平和质量，增加公民和社会的满意度。

自党的十八大以来，习近平总书记对公务员队伍建设提出了更高的要求，中央也采取了一系列重大举措，不断完善中国特色公务员制度，如2018年第十三届全国人民代表大会常务委员会第七次会议修订《中华人民共和国公务员法》、2019年6月实施《公务员职务与职级并行规定》等。通过不断深化改革，激发公务员内在工作动机和活力，增加职业荣誉感，提升公共服务能力。新时代公务员队伍治理能力建设也取得显著成效。以脱贫攻坚为例，大量公务员克服家庭困难，驻扎乡村一线，大力推进党建和扶贫、扶智、扶志的深度融合，积极发展特色产业，努力实现国家乡村振兴的宏伟目标。可以说，提升公务员公共服务动机水平是提升新时代公务员队伍治理能力的关键，也是贯彻落实习近平总书记关于推进国家治理体系和国家治理能力现代化的必然要求。

二、提升公共服务动机面临的挑战

虽然，通过思想政治教育的不断强化和国家层面一系列公务员管理制度的完善，我国公务员公共服务动机日趋提升，但随着时代和社会的不断变化，针对公务员公共服务动机的管理也面临着巨大的挑战。

第一，自党的十八大以来，随着各项监管制度的不断完善，公务员权力寻租空间被“压缩”，灰色收入与隐性收入减少，部分公务员因此而表现出公共服务动机低下，甚至不作为、不担当等现象。究其原因，部分公务员思想腐化，过于追求物质生活和外在激励，而忽视了选择去公共部门就业的初心和目标。因此，对于公务员队伍中既存的公共服务动机水平低下的员工，如何有效对其进行识别、考核、培训或退出等，是一个有待解决的关键问题。

第二，基层公务员(干部)是联系基层工作与群众之间的纽带。基层工作者的工作状态常被形容为“上面千条线，下面一根针”，甚至“上面千把锤，下面一根钉”，这无疑反映了基层公务员工作任务重、工作压力大、问责概率高、薪酬水平低等现象。在此情况下，基层公务员面临着巨大的生理和心理压力，较难持久保持高水平的公共服务动机，甚至出现离职等现象。

第三，2020 年突如其来的新冠肺炎疫情使得公共部门雇员的工作形式、工作内容和工作重心都发生了巨大的变化。疫情的不稳定性及非预测性导致公共部门雇员除了日常工作外，还需要组织或参与疫情防控工作，"党员下沉社区"也成为一种工作常态。特别是在疫情严重、必须采取封控管理时，公共部门雇员需要站在第一线，为群众的衣食住行提供充足的后勤保障。可以说，新冠肺炎疫情进一步加剧了公务员的工作负荷，对公务员的工作能力也提出了更高的挑战。

第四，数字化时代的到来对公共部门雇员的工作能力提出了新要求，一方面，部分传统工作逐步被机器人或 APP 替代，公共部门雇员需要不断提升工作能力以应对数字技术日新月异的社会需要；另一方面，自媒体日趋流行，公众可以方便地通过自媒体渠道发布信息，容易引发网络舆情和公共组织污名。公共部门雇员的一言一行需要更加谨慎、规范，信息技术能力和专业治理能力均需要持续提升。总之，数字化时代加剧了公共部门雇员的工作复杂性和透明度，员工需要切实提高公共服务动机，才能更好地适应和应对数字时代对能力的新要求。

第二节 研究目标与意义

公共服务动机的概念自被提出以来，就成为行政管理研究者的热门话题。公共服务动机不仅引起了学界的广泛关注，公共部门领导者也迫切需要切实可行的管理策略来提升雇员的公共服务动机水平，进而提升其服务质量，为建设服务型政府和提升治理能力打下坚实的基础。

一、研究目标

本书将基于行为公共管理视角，对我国本土化公共服务动机的现状和作用结果进行系统的分析。具体的研究目标包括以下三方面：

第一，系统回顾我国公共服务动机的研究进展。本书采用元分析方法，对使用中国情境样本的实证研究进行量化分析，构建出中国特色的公共服务动机影响因素和作用结果模型，并以此了解本土化情境下公共服务动机研究与西方理论存在的异同。

第二，探讨公共服务动机对大学生选择去公共部门就业倾向的影响。优质大学生作为未来公共部门潜在的就业者，其选择去公共部门就业的动机显得极其重要。大学生是基于公共服务动机，较高的利他导向，还是因为疫情带来的不安全感，倾向于选择更加稳定的工作？了解后疫情时代大学生选择去公共部门就业倾向的原因，有助于制定更加科学、有效的公务员选拔、考核和培训等相关制度。

第三，检验公共部门员工的公共服务动机对绿色行为的影响。国内外大量研究表明，公共服务动机高的员工有利于完成任务绩效，这种高绩效标准是否会延展到组织中的绿色行为呢？这在以往研究中较少体现。本研究旨在探索组织环境和个体公共服务动机对绿色行为的产生机制。

二、研究意义

本书聚焦本土化情境下的公共服务动机研究，旨在为提升公共部门雇员的公共服务动机提供一定的理论和实践启示。

在理论意义上，本书主要有以下几点：第一，本书聚焦中国情境，发掘已有本土化研究与西方公共服务动机理论成果的异同。虽然一些学者指出公共服务动机存在强烈的文化背景，但目前国内公共服务动机的研究大多仍使用西方理论，这使得研究结果无法有力地解释我国的社会现实。第二，本书关注大学生去公共部门就业倾向的影响因素，以此提前了解公共部门雇员公共服务动机的水平及其起到的作用，为后续提升公共服务动机起到借鉴作用。此外，以往公共服务动机大多关注公务员样本，而本书设计了两个实证研究，一个研究以公共部门雇员为对象，包括公务员、事业单位从业人员和国有企业员工等，另一个研究以知名高校大学生为研究对象。丰富和多样化的样本，有利于了解不同类型个体公共服务动机现状及带来的影响。第三，系统梳理公共服务动机的作用结果，并进一步拓展公共服务动机的作用范围。本书先通过元分析的方法，构建了本土化情境下公共服务动机的作用结果模型，并与西方既有文献进行对比，发现双方存在的差异原因。此外，通过元分析发现，国内学者主要聚焦公共服务动机对工作满意度和工作绩效的影响，对于员工具体的行为，如绿色行为的关注较少。本书探讨了公共部门雇员公共服务动机与绿色行为之间的关系及机制，将有助于进一步丰富公共服务动机理论的作用边界。

在实践意义上，本书主要为提升本土情境下公共部门雇员服务动机水平提供参考，具体对策如下：第一，在国家层面，进一步完善公务员选拔和培育机制，优化公务员考核和晋升机制，改善公务员的问责和容错机制，健全公务员的保障和激励机制，以及提升公共服务动机的社会培育，使得那些真正愿意为社会和人民服务的个体更容易被甄别、培养和晋升；在组织层面，组织开展形式多样的教育培训，强化组织支持引导作用，完善组织文化建设和优化领导方式方法，在公共部门领导的带领下，形成良好的为人民和社会服务的优良风气；在个体层面，促使雇员进一步加强思想政治理论学习，树立正确的职业价值观，学习先进模范，积极参与公共服务活动等。总之，达到雇员"愿意为人民服务、敢于为人民服务、乐于为人民服务"的效果。

第三节　研究内容与方法

一、研究内容

本书立足于中国本土情境，探讨公共部门(拟)从业人员公共服务动机的影响因素及作用机制，并在此基础上，提出提高公共服务动机的管理对策。具体而言，首先，回顾国内外公共服务动机理论，并剖析当前公共服务动机理论研究存在的不足；其次，利用元分析方法，基于中国情境下的样本数据，构建了一个系统的公共服务动机前因和结果作用模型，对本土化情境下的公共服务动机实证研究进行了量化分析，并试图发现与西方已有理论的异同；再次，检验了我国后疫情时代背景下，大学生选择去公共部门就业倾向的影响因素及作用机制，重点对比分析大学生公共服务动机和工作稳定偏好对公共部门就业倾向的影响，之后，检验公共部门雇员的公共服务动机和工作组绿色倡导对其绿色行为的影响及内在机理；最后，从国家、组织和员工视角提出公共服务动机的本土化提升策略。

二、研究方法

（一）元分析法（meta-analysis）

根据 Glass 的定义，元分析法是为了综合研究结果而对同类单个研究结果进行再分析的统计方法。元分析不是对原始数据进行分析，而是对以往的实证研究的数据进行再加工，利用既有实证研究中的统计指标，获取统计显著性等来分析两个变量间的真实关系。相较于传统的文献分析，元分析是一种定量研究的范式，且能够减少因为抽样而带来的随机误差，捕获变量间更为真实的效应。目前，元分析法在心理学、医学、教育学、经济学等领域取得了快速的发展，在公共管理领域也逐渐引起了学者的关注。本书开展了两项元分析研究，其一，从人口统计特征、个性因素和组织因素三个方面构建了中国情境下公共服务动机前因模型，并检验了人口统计特征、发表语言和公共服务动机测量工具的调节作用；其二，从工作态度、工作绩效和行为及身心健康三个角度，检验了本土情境下公共服务动机作用的结果，也同样检验了人口统计特征相关变量的调节作用。通过上述两个元分析的结果，借以与西方既有文献进行对比，发掘本土情境下学者的关注重点及与西方潜在矛盾的结果，以此进一步挖掘本土化情境的特色。

（二）问卷调查法

问卷调查法是社会科学研究中使用最为广泛的研究方法之一。本书开展了两个实证研究，均采用问卷调查法。如第五章研究后疫情时代我国大学生去公共部门就业倾向的影响因素。本研究采取线上和线下相结合的方式，利用滚雪球的方式进行抽样调查。该抽样方法便捷高效，且能快速定位到目标群体，但是滚雪球的方式在一定程度上影响了样本的随机抽样。所以，在方便样本和随机抽样之间，本研究进行了平衡，在能力范围之内，尽量做到样本的随机性。

（三）访谈法

访谈法也是一种常见的社会科学研究方法。本研究利用访谈法，重点与基层公务员和在校公共管理硕士 MPA 开展了半结构化访谈。访谈目标是了解其当前工作时面临的困境，以及如何提高公务员公共服务动机的具体策略。访谈信息为本研究的顺利开展提供了坚实的基础。

第四节　研究特色与创新

以往有关公共服务动机研究主要聚焦于西方文化背景，以公务员为主要研究对象，雇员的工作态度和行为为主要研究结果。本书聚焦中国本土化的公共服务动机研究，总结我国公共服务动机已有成果，并聚焦疫情背景下大学生公共服务动机对公共部门就业倾向的影响，以及公共部门雇员公共服务动机对环保行为的作用及影响机制。

一、研究特色

本研究的特色包括以下两个方面：

第一，根植于本土特性，聚焦我国公共部门雇员公共服务动机的影响，增强本研究的现实解释力。由于公共服务动机理论起源于西方，既有公共服务动机文献也多以西方样本为主，少有的国内公共服务动机实证研究也几乎都使用西方公共服务动机测量量表，这导致我国当前的公共服务动机研究并未揭示现实的真相。相较于西方，我国公共服务动机的前因变量和结果变量，以及上述变量对公共服务动机影响的力度有何差异，这是本研究关注的重点。除此之外，本研究还聚焦后疫情时代，大学生去公共部门就业倾向是否会受到公共服务动机的影响?“双碳”政策背景下，公共部门雇员的公共服务动机是否会影响其绿色行为?上述研究扎根于中国文化背景以及现实亟须解决的问题，这些问题的答案也将进一步丰富本土化公共服务动机理论。

第二，以行为公共管理为研究视角，有针对性地实施多种研究方法。作为近些年兴起的一种研究范式，行为公共管理充分结合心理学与公共管理两个学科的优势与特色，从行为公共管理的角度来考量雇员的公共服务动机，能够更加深入地发现大学生(潜在的公共部门雇员)和公务员公共服务动机的前因和影响，以及在此过程中研究对象微观心理机制的变化，准确地刻画出个体心理认知加工与行为选择之间的关系。同时，本研究也参考了心理学中热门的研究方法，如元分析方法，对既有中国样本的公共服务动机文献进行了量化分析，系统总结出本土化情境下公共服务动机的前因和作用结果，方便后续研究的深入开展。此外，本研究也采用定性与定量相结合的方式，运用访谈法和问卷调查法，探索我国情境下个体公共服务动机的影响，这也将进一步丰富本土化情境下公共服务动机的内涵与管理机制。

二、研究创新

本研究的创新点主要体现以下三个方面:

第一，运用元分析方法，系统总结中国情境下公共服务动机研究现状和未来研究方向。近年来，以我国为调研样本的公共服务动机实证研究日趋增多，一方面，国内外关注重点可能存在差异，如国内学者较多关注金钱喜好对公共服务动机的影响，而国外学者对此关注相对较少。国外关注较多的种族问题，鉴于文化和人口结构差异，国内关注较少。另一方面，目前国内外有些研究结论存在不一致性。这种不一致性可能是样本随机抽样带来的偏差，也有可能是东西方文化和制度的差异导致的。因此，本研究通过元分析的方法，在中国情境下公共服务动机实证研究的基础之上，尽可能排除样本本身带来的偏差，还原变量之间的真实关系。此外，还可以通过对比样本的人口统计特征、发表语言和测量工具的差异，鉴别本土化情境下研究结论的差异性。由此，可以更为系统科学地分析当前中国情境下公共服务动机的研究进展，并为未来公共服务动机的研究指明方向。

第二，识别公共服务动机对大学生公共部门就业倾向的影响及机制。目前，国外关于公共服务动机和公共部门就业倾向的关系呈现多样化的研究结论。一方面，基于人——组织匹配原理，高公共服务动机的个体更愿意选择能够发挥其社会价值的公共部门就业；另一方面，个体选择去公共部门就业的原因还包括诸多外在因素。如鉴于疫情的反复性和伤害性，目前，国内又掀起了“考公热”，似乎体制内的工作在后疫情时代显得更有保障。基于此，非常有必要验证当前背景下，大学生选择去公共部门就业的原因到底是基于公共服务动机还是工作稳定性。本研究显示，在同时放入公共服务动机和工作稳定性后，公共服务动机对大学生公共部门就业倾向的关系不再显著。这说明，当前背景下，我国大学生选择去公共部门就业的核心原因还是基于稳定动机的考虑。此外，基于人——情境交互框架，本研究也进一步检验了疫情满意度和大学生性别的调节作用，发现女大学生更加可能会因为工作稳定性而选择去公共部门就业。这些研究结论将丰富我国特殊时期，大学生选择去公共部门就业的原因，以及厘清公共服务动机和工作稳定偏好发挥作用的内在机制。

第三，明确了个体公共服务动机和工作组绿色倡导对公共部门雇员绿色行为的影响及内化过程。首先，以往公共服务动机的研究主要聚焦在普遍意义上的工作绩效、行为和态度上，如任务绩效、关系绩效、组织承诺和工作满意度等，较少有研究聚焦公共服务动机对某种具体的工作行为的影响，如员工绿色行为。近年来，随着我国对环境保护重视力度的增加，对雇员绿色行为的影响因素研究也成为理论和实践的重要话题。此外，本研究基于规范激活理论，得出雇员的公共服务动机会通过个人环保规范，进而增加其绿色行为。这将丰富公共服务动机的结果分析以及绿色行为的个人特质的前因。此外，本研究还考察了工作组绿色环保倡导在公共服务动机和个人环保规范之间的调节作用，这将整合个体和环境两个方面的因素，为深入了解公共服务动机如何影响雇员的绿色行为提供理论解释。

第二章　公共服务动机理论

第一节　西方公共服务动机概念及本土化内涵

一、西方公共服务动机概念

西方国家对公共服务动机研究的兴起源自20世纪70年代美国社会对公共服务伦理的讨论，主要是出于对当时主流的公共选择理论和新公共管理理论的批判性反思，试图以公共服务动机为全新视角解释公务员的工作行为及其对公共组织的影响。在国外公共行政学界，有两个极端的人性假设，即寻求自身利益最大化的“经济人”假设和具有利他主义和奉献精神的公共服务动机者假设，前者是无赖(knave)，后者是骑士(knights)。公共选择理论、新公共管理理论等流行的理论范式都主张把公共雇员看做与市场参与者没有实质性区别的“经济人”[2]，而国外公共行政学界，特别是美国公共行政学界部分研究者则致力于强调公共部门的特殊性和公共性，试图构建一个为公共部门所独有的人性假设，而公共服务动机则是这种理论建构的缩影。

Rainey被认为是第一个对公共服务动机进行直接研究的学者，他发现政府机构的公务人员比企业经理们更看重为大众做有意义的事情，同时认为这种服务动机是一种广泛的概念[3]。美国学者Perry和Wise在1990年提出公共服务动机这个概念，他们将公共服务动机定义为：“个人主要或完全基于公共机构和部门的动机做出回应的个人倾向”[1]。上述概念强调了社会责任感和公正感对个人从事公共服务的重要性，这种动机足以激发人们从事公共事业。

公共服务动机的概念提出之后，引起了国际学者们的研究热潮，很多学者基于自己的研究对公共服务动机的概念进行了扩充和解释。例如，学者 Brewer 和 Selden[4]认为公共服务动机不应局限于公共部门，他们将公共服务动机定义为一种引导个人从事公共服务的动力。Anderson 和 Kjeldsen 将公共服务动机视为一种激励因素[5]。Houston[6]根据内部动机与外部动机的不同，扩展了 PSM 的概念，他将奖励偏好进一步分解为内部奖励和外部奖励。内部奖励是一种内部动机，来自活动本身，指个体对活动本身感兴趣，而外部奖励来自活动以外的他人，是对活动结果产生兴趣。但 PSM 是一个多维度的抽象概念，难以描述内在心理过程，它会随时间迁移而变化，且在不同的机关部门中的表现各不相同。Vandenabeele 等[7]在 Perry 的理论下进行了修正，主张采取包容性的定义，把 PSM 界定为“是一种超出个人和部门利益的信仰、价值观和态度，它关注的是更为广泛的政治组织的利益，并且激发个人在适当的时候采取相应的行为”。Wright 和 Pandey[8]将 PSM 视为一种与工作相关的价值观或者回报偏好。Bright[9]将 PSM 描述为一种激励个体为公共利益服务的利他行为。根据上述描述，本书将西方典型的公共服务动机的定义整理如下(表 2-1)。

表 2-1　　**西方关于 PSM 的经典定义**

研究者	主要研究内容
Rainey(1982)	发现政府机构的公务人员比企业经理们更看重为大众做有意义的事情，同时认为这种服务动机是一种广泛的概念
Perry 和 Wise(1900)	个人主要或完全基于公共机构和部门的动机做出回应的个人倾向
Brewer 和 Selden(1998)	PSM 是一种使个体提供有意义的公共服务的动机力量

续表

研究者	主要研究内容
Houston(2000)	根据内部动机与外部动机的不同，扩展了 PSM 的概念，他们将奖励偏好进一步分解为内部奖励和外部奖励。
Vandenabeele 等(2006)	PSM 是一种超出个人和部门利益的信仰、价值观和态度，它关注的是更为广泛的政治组织的利益，并且激发个人在适当的时候采取相应的行为
Wright 和 Pandey(2008)	PSM 可视为一种与工作相关的价值观或者回报偏好
Bright(2008)	PSM 可被描述为一种激励个体为公共利益服务的利他行为

二、公共服务动机的本土化内涵

相较于国外，国内关于公共服务动机的研究起步相对较晚，2007 年，才由学者李小华[10]首次正式将公共服务动机的概念引入国内。随后，国内对于公共服务动机的研究如雨后春笋般发展起来。截至 2022 年 6 月 1 日，用“公共服务动机”为主题词在知网 CNKI 上进行检索，共获得相关成果 462 条，其中学术期刊论文 280 篇，学位论文 151 篇，会议论文 9 篇，报纸 1 篇。上述数据进一步印证了公共服务动机在国内的快速发展。

国内学者普遍认为，中国在文化背景上与西方国家存在巨大的差异，公共服务动机的内涵可能存在较大的差异。如受儒家文化的影响，“仁”“义”“忠”等思想至今影响着我国的社会规范，崇尚集体主义，以人为本，为国家效忠，为人民服务等意识也成为国家和组织鼓励的价值取向。因此，学者叶先宝、李纾[11]认为公共服务动机不应该拘泥于经济和效率，而是强调参与和价值，是服务大众利益的利他动机。曾军荣[12]也指出，公共服务动机不限于公共部门，而是面向全体社会，公共服务动机高的个体更加追求内在激励而非外在的功利性奖励。学者刘帮成[13,14]等认为，公共服务动机是驱使个体投身公共服务的内在力量。

对比国外学者关于公共服务动机的定义不难发现，国内学者更倾向于将公共服务动机视为利他的动机，是一种为公共服务而工作的内在动机。根据对公共服务动机不同文化的解读，学者对于如何测量公共服务动机也产生了不一样的见解(第二节将详细论述)。

尽管国内外不同学者对公共服务动机有不同的定义和补充，但是公共服务动机都包含了相似的本质：一是存在于公共性语境下。公共性语境不是强调员工必须在公共部门工作，在私营企业工作的员工，如果有为社会志愿提供公共服务的动机，也被视为具有公共服务动机。二是服务社会和他人的利他倾向。区别于其他工作动机，具备高公共服务动机的员工，需要有较强的为社会和他人服务的动力。这些付出甚至是没有任何外在的物质奖励，更多是出于对自我价值的实现和内在工作动机的满足。虽然有学者发现公共服务动机在公共部门和私人部门的差异并不显著，但是由于国家公职人员的从业动机、服务倾向要求更高，所以，目前公共服务动机的研究更多被放入公共管理领域进行。

第二节　公共服务动机的测量

公共服务动机是一个复杂的概念，目前对于公共服务动机的测量主要有两种途径：第一种是直接测量，主要通过探索公共服务动机的内涵和结构，以此建立量表来进行测量。第二种是间接测量，其一是行为测量，即通过观察公共服务行为来间接衡量公共服务动机水平；其二是通过比较公私部门员工的报酬偏好来测量。如 Houston 认为可以通过研究人们的志愿服务、献血和捐款等行为来间接测量 PSM。

两种测量方法各有利弊，如直接测量法通过问卷调查，可更加方便获取数据，但由于公共服务动机是鼓励产生的工作动机，因此当员工自评时极大可能存在社会称许现象。间接测量法虽然可以更好地解决社会称许现象，但增加了调研对象或调研程序的难度，导致数据获取存在一定的障碍。因此，目前关于公共服务动机的实证研究中，主要采用的是通过问卷直接测量的方式。

一、国外关于公共服务动机的测量

目前，国外学者关于公共服务动机的测量莫衷一是，但 Perry 和 Wise[1] 的四维度测量是众多研究的基础。Perry 和 Wise 将公共服务动机分为理性的、规范的和情感的三种类型的激励动机。其中，理性动机是指个人参与到公共服务工作中是基于自身效用最大化的目的，出于自己对于权力、利益和受人尊重的需要，或是出于某些群体的特殊利益去参与公共政策的制定；规范的动机是一种服从规范的动机，个人对于国家和社会的忠诚是基于法律或者道德的约束，例如为社会利益牺牲自我、坚持社会公平公正原则、对政党忠诚等；情感的动机被视为一种情感反应，其中强调了特定社会情境的作用，例如对社会的承诺来自内心的某种信念。基于上述框架，Perry 将公共服务动机的测量分为对公共政策制定的吸引力、对公共利益的承诺、社会公正、公民责任、同情心和自我牺牲六个部分，并设计了 40 道题的量表，后通过实证研究剔除了无效题项后形成了包含四个维度的 24 题项量表，即对公共政策制定的吸引力（attraction to public-policy making，APM）、公共利益承诺（commitment to public interest，CPI）、同情心（compassion，COM）和自我牺牲（self-sacrifice，SS）。该量表也被广泛引用和改编。

鉴于理性动机与公共服务动机的利他本质不太符合，Kim 和 Vandenabeele 等[15] 对此进行了修订，指出 PSM 可以划分为工具性、价值观性和认同性三种成分。其中工具性动机是指选择什么样的行为来实现公共服务的目的，例如参与政策制定、参与志愿服务等，其目的仍是有益于社会的；价值观性动机是个人的行动是为了实现个人认可的公共价值观，是一种对公共价值观的内化，例如将自由、公平、民主、法治等内化为自身的价值目标，希望为此做出贡献；认同性动机强调的是态度层面，这种动机主要是指对某些群体的认同，希望为他们提供服务，与他们产生情感联系，例如对老年群体、未成年群体、贫困地区人民的同情。这种修订其实排除了理性动机中的自利性成分，突出公共服务动机的利他性本质。后来，Kim 等强化了公共服务动机的利他特征，在 Perry 的原始四维度量表基础上进行了维度内涵与题项的调整，开发了包括公共服务吸引力（attraction to public service，APS）、公共价值承诺（commitment to public values，CPV）、同情心（compassion，COM）和自我牺牲（self-sacrifice，SS）的四维度 16 题项。该量表通过 12 个国家的样本数据进行了验证和检验，也增强了量表跨文化差异的适应性，且长度适中，也是目前公共服务动机测量中广泛使用的量表之一。

当然，不同学者根据自身的文化背景和数据分析情况，对上述经典的四维度量表进行了调整。如 Vandenabeele 对 Perry 的问卷进行了修正，将经典的四维度量表调整为三个维度，即“公共利益、公民义务和自我牺牲”“同情”“渴望参与政策制定和政治”，共 13 个题项。后来，Vandenabeele[16]通过对欧洲的调研发现，除了 Perry 提出的四维度之外，还应该包括“行政中立和公平在内的民主价值观”这一维度，即形成了一个五维度量表。

此外，部分学者采用了“替代”的方法，用美国考核制度保护委员会（MPSB）中的价值原则调查数据作为公共服务动机的测量内容。如学者 Wright、Moynihan 和 Pandey[17]使用了一个单维度五题项的测量方式。具体题目包括“做有意义的公共服务对我来说非常重要”“贡献社会比个人成就更为重要”等。该测量原本是为了使用已有数据库数据进行分析，但鉴于其量表较短，方便衡量，后续也有研究者使用该量表进行问卷测量。

二、公共服务动机的本土化测量

由上可见，国外关于公共服务动机的测量众说纷纭，Kim 等学者也呼吁学者在研究公共服务动机领域问题时应考虑到文化的差异。基于此，我国学者也致力于探索本土化情境下的公共服务动机研究。总体而言，研究目前呈现两种形式，一种是对 Perry 等学者经典的公共服务动机量表进行检验和修正，另一种是基于中国本土化情境，开发适合我国公共服务动机内涵的量表。

部分实证结果显示，国外量表在我国也具有良好的信度和效度[18-20]。如王亚华和舒全峰[21]根据 Perry 的四维度问卷，结合行政村主任和村支书的工作特征，开发了我国乡村干部的公共服务动机，量表具有良好的信度和效度。包元杰和李超平[22]根据 Perry 经典的测量量表，将公共服务动机的量表简化为 8 个题项，在学生样本和职(员)工样本的调查中，发现两者不具有显著性差异，即 8 个题项的短版量表可以作为测量我国职(员)工公共服务动机良好的工具。

但也有部分实证研究表明，国外量表在国内存在“水土不服”的现象。如国内学者刘帮成指出在中国情境下公共服务动机四个维度中的同情心维度不适用，后续他的团队还发现 PSM 的分维度同情心是由两个分维度构成的，而不是按一维尺度进行评估[23]。朱春奎和吴辰[24]认为，公共服务动机还应该增加“互助意愿”的维度。王浦劬和孙响[25]指出，我国员工的公共服务动机还应该包括对政府干预手段的偏好以及爱国主义情怀。杨开峰和杨慧珊[26]运用扎根理论，发现西方常用量表的四个维度在中国情境下依然存在，但具体表现形式存在一定的差异。此外，该研究还发现，我国的公共服务动机还具有“社会名声”和“道德坚持”两个全新的维度。文博和陶磊则认为政治效能感，即个体认为政治在多大程度上能够改变社会，是我国大学生选择去公共部门就业更为重要的原因，“学而优则仕”也是我国在儒家文化影响下的具体体现。基于此，他们认为工具性动机是我国公共服务动机的核心，而规范动机和情感动机是我国公共服务动机的重要组成部分。该研究与以往西方和国内众多研究不同，突出了工具性动机的重要性。

综上所述，尽管目前学界尚未对公共服务动机的测量达成统一意见，维度划分也众说纷纭。但可以确定的是，不论在何种文化背景当中，公共服务动机都包含着个体为实现其自我价值而为他人或组织利益服务的利他动机。不管是单维度还是多维度的测量问卷，在上述内涵上均有所体现。表 2-2 汇总了国内外具有代表性的公共服务动机测量工具。

表 2-2　　**国内外公共服务动机测量量表**

开发背景	开发者	开发时间	题项数量	题项举例
非中国情境	Perry	1996	24	“有意义的公共服务对我来说非常重要”；“当我看到人们陷入困境时，我难以克制自己的感情”；“即使没有人付钱给我，为市民服务也会给我一种美好的感觉”
	Kim 等	2013	16	“我钦佩那些发起或参与帮助我的社区的活动的人”；“我认为公民的平等机会是非常重要的”；“我已准备好为社会的利益而牺牲”
	MPSB	2010	5	“我不害怕去支持他人的权利，即使这意味着我会被嘲笑”；“在社会上有所作为对我来说比个人成就更重要”
中国情境	刘帮成等	2016	18	“与他人分享我对公共政策的看法对我很有吸引力”；“我认为提供公共服务是我的公民义务”
	包元杰 李超平	2016	8	“对我而言，为社会公益做贡献很重要”；“公务员的行为一定要符合伦理规则”
	杨开峰 杨慧珊	2021	18	“我认为品德对保障群体和社会秩序非常重要”；“社会认可带来的荣誉感对我来说非常重要”

注：本表为本研究整理而来。

第三节　公共服务动机的作用结果

公共服务动机的后果影响一直是一项重要的研究议题，国内外学者对此有了很多研究成果。现有的关于公共服务动机的后果影响的研究可以划分为组织、团队和个人三个层面，由于公共服务动机是一种个人的内在动机，对于个人行为和态度的影响最为直接，因此在个人影响层面的研究较为集中。本书将梳理总结公共服务动机对个人的主要影响。

一、公共服务动机与绩效

公共服务动机作为一种个人为社会、为他人做贡献的内在倾向，会激发个人的工作投入，从而有更加出色的工作表现，包括工作绩效、任务绩效和关系绩效，以往有很多实证研究证明了这一结果。首先，从个人绩效来看，Naff 和 Crum[27]最早研究公共服务动机与个人绩效之间关系，发现在美国联邦雇员中公共服务动机高的个体有更高的工作绩效。Bright 和 Leonard[9]从人与组织匹配的角度分析了公共服务动机对个人绩效的影响，指出公共服务动机对绩效的积极影响受到了人与组织匹配度的中介影响。Cheng 等[28]进一步分析了公共服务动机不同维度对绩效的影响，研究发现自我牺牲维度对个人绩效有负向相关关系，而其他三个维度则正向影响工作绩效。刘晓洋[29]则直接从“动机—绩效”假设出发，在警务群体中发现公共服务动机四个因子对个体绩效呈现正向影响，这些说明了公共服务动机对于个体绩效的影响是复杂的。

二、公共服务动机与工作态度

以往有很多学者关注到了公共服务动机与工作态度的关系。工作态度包含认知、情感和行为意向成分，其中工作满意度是最为熟知的一种工作态度。Bright[9]的研究指出公共服务动机有助于增加公职人员的工作满意度。刘帮成等在中国情境下探讨了公务员“铁饭碗”的现状，认为对金钱有强烈爱好的人，在公共服务动机和工作满意度之间的关系中要明显强于那些没有强烈爱好的公务员，支持了公务员职业的“拥挤效应”[30]；但在之后的研究中，刘帮成从人与组织匹配、需求与供给匹配的角度出发，发现当人与组织匹配度低，且个人需求与组织提供的资源不匹配时，公共服务动机能够提高公职人员的工作满意度[31]。

除了工作满意度之外，很多学者的研究证实了公共服务动机对组织认同和组织承诺的影响。基于“吸引—选择—投入”（Attraction-Selection-

Attrition)路径，个人对于职业的选择与自己的人格、偏好相关，公共服务动机高的公职人员出于组织价值的吸引选择该职业，是个人价值理念与组织使命的契合，公共服务动机会增强员工的组织认同感。同样，从个人与环境的匹配角度，部分研究发现公共服务动机越高的员工组织承诺也越高[32]。

三、公共服务动机与其他工作行为

公共服务动机对员工的工作行为具有深刻影响。利他主义是公共服务动机的重要基础，因此公共服务动机较高的公务员会更为广泛地定义他们的个人责任，并将这些作为正常责任的一部分，还自愿在工作中更多承担本职工作之外的工作，往往表现出更多的组织公民行为[33]。自身还去参与具有一定风险性和挑战型的变革型组织公民行动[34,35]。此外，公共服务动机作为一种个体的内在信仰，会使员工为更好地提供公共服务而主动提出建议、改进意见，已有研究证明了其对于建言行为的正向影响[36]。

四、公共服务动机与身心健康

这是近年来公共服务动机研究的新方向，即公共服务动机存在的潜在的消极影响。作为一种帮助公共部门提高绩效、帮助社会运转的个体因素，为何会产生负面影响？究其原因，这与公共部门的组织特点、工作环境密切相关。从工作环境来看，公共部门工作繁文缛节的特点是员工压力产生的根源，公共服务动机可能会增加公共服务代理人的压力[37]。从组织与工作类型来看，公共服务划分为不同的职业和领域，也给人带来不同的社会影响力。有研究发现，在人员处理型组织中，例如政府大厅，PSM 与高水平的工作倦怠、低程度的工作满意度相关，因为在这种组织中很少能够看到他们的工作对于社会的直接影响[38]。受个人价值观和信念影响，如果个人受到环境的限制无法实现为公共利益服务的愿望，或者与用人单位的价值观不一致，个人很可能认为其工作角色偏离了自己所期待的公共服务身份的标准，因此产生出倦怠和压力等消极影响。

第四节　公共服务动机的影响因素

Perry[39]提出了四条假设用于建构 PSM 理论：(1) 规范的、理性的、情绪化的过程激励人们；(2) 每个人都被自己的自我意识所驱使；(3)偏好或价值是内源性的；(4) 偏好是通过社会过程习得的。这些假设暗示了 PSM 的很多影响因素，包括理性的选择，规范的一致性，情绪的联系和个体的自我意识。Perry 基于这些前提假设，并参考了 Bandura 的三因索互动关系理论后，提出 PSM 过程理论，将 PSM 的重要过程变量确定为个人特征、行为、动机环境、社会历史背景四个部分。但事实上，相较于对公共服务动机作用结果的研究，对公共服务动机影响的研究相对较为匮乏。从已有的文献来看，早期的研究者主要探讨了个人因素和组织因素对公共服务动机的影响。

一、个人因素

对个人因素的讨论集中于人口统计变量与个体特质方面。在人口统计特征方面，如已有大量研究指出教育是 PSM 的有力预测因素，因为教育能够显著提升人的认知和行动能力水平，使个体拥有理性的思维判断和社会担当责任感，因此学历更高的人往往更能够意识到公共服务对社会的价值所在并愿意承担社会责任。此外，Naff 对美国联邦政府一万名公务员进行了调查，指出性别和年龄对公共服务动机有显著影响，其中女性公务员的公共服务动机水平要高于男性。除了性别和教育水平之外，员工的民族、政治水平、学科专业、年龄、工作任期、公共部门工作任期、职级、学生干部经历、志愿服务经历等人口统计特征因素，都可能对公共服务动机产生影响。

此外，研究者也关注到个体特质的作用，如有学者发现了金钱偏好与公共服务动机之间的动态挤出效应，指出对金钱偏好的增加一般伴随着利他动机的减少。个体的内在动机，如工作成就感和社会正义感等均会对公共服务动机产生影响。

二、组织因素

公共服务动机水平不仅受个人内在因素的影响，外部对其的影响也不容忽视。在领导因素方面，研究表明领导风格和领导行为是影响员工 PSM 水平的重要因素。如研究发现服务型领导、变革型领导等积极的领导风格都能够通过传递组织的公共目标价值和树立服务榜样形象从而提高下属的公共服务动机水平。陈振明等也发现，当领导在组织中践行鼓励合作、公开交流、塑造良好工作环境等关系型行为时，能够带来和谐的领导员工关系，因而有利于公共部门员工 PSM 水平的提升[34]。

组织是塑造 PSM 的重要场所，因而组织目标、管理特征、组织结构、组织程序与制度、组织文化和氛围等也对 PSM 产生影响[40]。如研究发现组织的繁文缛节会阻碍员工 PSM 的发展，而组织的高承诺工作系统、等级文化和组织改革努力能够刺激员工 PSM 的产生。还有研究从组织社会化的视角，认为组织内部环境能够塑造公共部门雇员为公众服务的价值观，并证实了组织环境对公共服务动机的重要影响。

公共服务动机的影响因素及作用结果如图 2-1 所示。

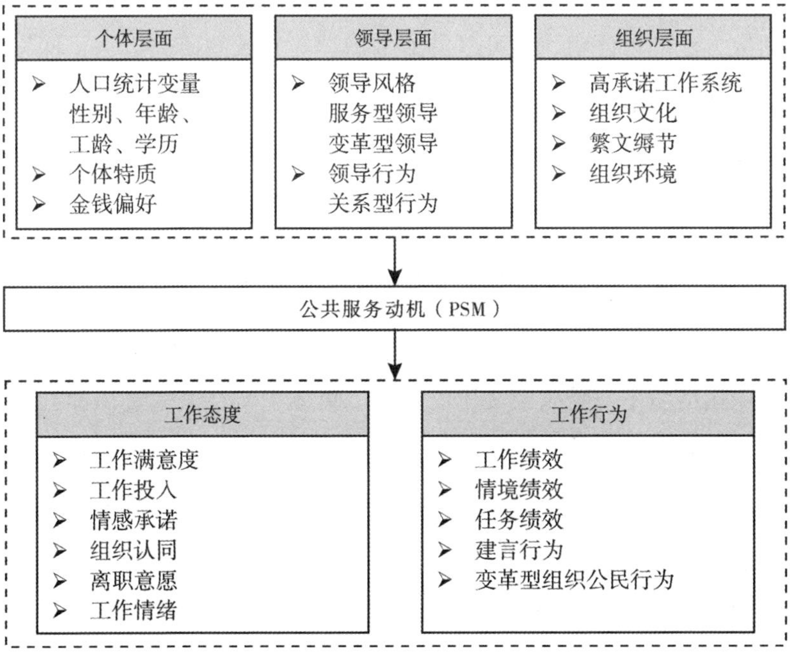

图 2-1　公共服务动机的影响因素及作用结果

第五节　对公共服务动机的研究述评

自学者 Perry 正式提出公共服务动机这一概念以来，学者们对公共服务动机的跨文化测量、前因和影响结果做出了重要的探索，形成了颇为丰富的研究成果。但纵观目前的研究结论，还存在以下不足和未来亟须关注之处。

一、明确本土化公共服务动机的内涵与测量

首先，未来研究需要进一步明确公共服务动机的内涵。即便公共服务动机研究已经得到了蓬勃的发展，但是关于公共服务动机的定义尚未得到统一的答案。公共服务动机到底是一种天生的特质、利他动机或自利型工作动机？相较于利他主义或工作中一般意义上的内在动机，公共服务动机具备何种特殊内涵？未来研究需要给予进一步的解释，且需要用严谨、科学的研究方法加以证明。如可以借鉴生物学等领域的研究方法，探索个体公共服务动机的高低是否受到基因成分的影响；在控制了个体利他主义和一般内在动机外，公共服务动机对员工行为和态度的影响是否能够给予额外的解释。

此外，还需要明确中国本土化情境下的公共服务动机的内涵及测量。虽然目前国内有学者对本土化的公共服务动机的概念进行了探索，但总体而言，还是基于 Perry 等西方学者的理论框架，缺少对中国情境的深度考量。在中国情境下，受儒家文化的影响，集体主义、家庭意识和社会伦理规范程度与西方存在较大的差异。公共服务动机到底是一种内在的、个体追求的价值取向，还是国家和社会期许的规范准则，需要学者们深入厘清。此外，受几千年封建帝制的影响，“当官”在我国被视为一种极为“体面”的工作，且能为个人甚至家族带来更多的社会资源。因此，中国情境下的公共服务动机到底是利他动机，还是更多表现为工具性动机，也需要进一步思考。基于上述问题的回答，才能更好地开发属于中国本土文化特

色的公共服务动机测量工具。

二、探索公共服务动机影响因素

如上所述，目前关于公共服务动机的影响因素研究较为匮乏。整体而言，以往研究主要聚焦于个体人口特征和环境因素对员工公共服务动机的影响，个体动机因素、个性因素、工作特征因素和外部环境因素等缺乏检验。如个体注重绩效导向、成就导向，可能会更加在意事业和职业上取得的成功，因此可能会通过提升公共服务动机水平，进而获得更好的绩效和职业成功。工作的自主性、追责可能性及程度、工作的复杂性等也可能成为影响员工公共服务动机的重要因素。尤其是基层公务员，“上面千条线，下面一根针”，面临时间紧、任务重、责任大、人手少的工作环境，可能会降低抑或激发自身的公共服务动机。除此之外，还有组织外部的大环境，如公务员奖励、晋升、考核和追责制度等，国家层面的腐败程度和透明度等，也可能影响个体的公共服务动机。

此外，在已有的公共服务动机前因的研究中，研究结论也存在一定的差异。如有学者指出年龄越大，越利于激发员工的公共服务动机，因此工龄的长短可以增加个体对组织的认同程度，进而影响其对工作的投入水平。但是也有学者指出，当个体感知晋升无望，即面临职业天花板时，年龄的增长反而会降低员工的公共服务动机。又如，部分学者指出男性的社会角色期望导致男性更想参与公共政策的制定，提升公共服务动机，但也有学者指出，女性天生具有更强的情绪感染力和同理心，因此更利于提升公共服务动机。总之，这些不一致的结论也说明个体公共服务动机的形成是一个系统工程，未来需要探索更多公共服务动机的影响因素以及其潜在的交互作用。这样，才能够更加清晰地了解公共服务动机的形成机理，进而为提升我国员工公共服务动机水平提供有效的管理启示。

三、拓展公共服务动机研究范围

总的来说，现有公共服务动机的研究主要关注员工工作领域相关的变量，如工作满意度、工作投入、工作绩效、离职意愿、组织承诺、组织认同、人与组织匹配度等，对于员工非工作领域的关注较为匮乏。如公共服务动机是否会引起员工的工作家庭冲突，家庭幸福感，亲子关系等？有学者已经发现，公共服务动机可能会增加员工潜在的工作压力和工作负荷，进而带来更多的工作倦怠和情绪耗竭。在此情况下，基于资源保存理论，个体在工作领域受到的资源损失是否会蔓延到家庭领域，进而带来家庭领域的资源缺乏，如增加工作—家庭冲突，降低家庭幸福感等。

此外，目前关于公共服务动机的研究更多关注的是其积极的一面。如上所述，高公共服务动机的员工可能会更加投入工作，进而带来更多的身体健康问题和工作—家庭冲突问题。也就是说，公共服务动机是否也存在“消极面”？未来，需要对公共服务动机的作用范围以及前面的负面效应进行更加深入的探讨。

四、厘清公共服务动机的作用机理

除了加强公共服务动机的前因和作用范围研究外，还需要进一步揭示公共服务动机产生的内在机理。如为何个体的五大人格要素会对公共服务动机产生影响？其内在的中介机制是什么？为何对部分员工，公共服务动机有利于促进绩效的提高，而对另一部分员工而言，公共服务动机甚至约束了其绩效发挥？其潜在的边界条件是什么？

以往研究重点探索了公共服务动机的直接影响，或者将公共服务动机视为个体特征，探讨其在其他关系中的调节作用，较少有研究探索其形成和作用的过程。目前，学者主要从自我决定理论、个人—组织匹配理论和社会交换理论方面探索公共服务动机的作用机制。如 Stazy 指出，个体公共服务动机与工作满意度之间的关系被个人—组织匹配的程度所关联。未来，可以从不同的理论视角，如规范激活理论、组织公平理论等视角，进一步探索公共服务动机形成的中介机制和调节机制，以丰富公共服务动机领域的研究成果。

五、创新公共服务动机研究的方法

目前，公共服务动机的研究以问卷调查法为主，少数研究也采用二手数据或者访谈等方式进行。在问卷调查法中，又以横截面数据收集方式为主。这样的研究设计存在较大的不足，第一，可能存在较高的社会称许现象。鉴于公共服务动机是我国期望的社会规范，员工可能会做出不诚实的回复。第二，横截面的研究设计无法进行有效的因果推断。例如，我们无法辨别是绩效影响了公共服务动机还是公共服务动机影响了个体工作投入度和最终的绩效水平。

因此，未来在研究员工公共服务动机时，需要采用更多样化、更严谨的方法进行。如可以采用纵向的方式，在不同的时间点收集问卷信息，也可以采用配对的方式，让领导汇报下属的工作态度和工作行为，以减少同源误差。此外，还可以用客观的数据，如疫情期间自愿参与志愿服务的频率等作为公共服务动机的具体个案予以研究。

第三章　如何激发我国员工的公共服务动机？来自元分析的证据

第一节　引　　言

公共服务动机作为强力的利他内在驱动力[12]，在改进组织及其雇员效率方面起着显著的积极作用。因此，自美国学者 Perry 和 Wise[1] 首次提出该概念以来，即成为公共管理领域的热点话题。

过去 30 年里，该领域研究成果颇丰，但仍存在以下不足：第一，相较于 PSM 的结果研究，其前因研究较为匮乏。如大量研究检验了 PSM 与员工工作绩效、组织承诺、离职意愿和工作满意度等变量的影响[41-43]，但 PSM 是如何产生的相关研究较少。然而，厘清 PSM 的前因才能够为如何更好地激发员工的 PSM 提供理论基础。第二，学者 Kim[44] 等指出，PSM 的内涵结构和影响与各国文化背景密切相关。鉴于我国独特的政治体制以及"仁政爱民"等儒家文化的影响，我国 PSM 的前因是否与西方存在差异需要进一步验证。基于此，有必要首先对我国现有的 PSM 影响因素进行系统的分析。第三，目前国内发表的 PSM 综述大多为定性的述评，难以判断各因素对 PSM 影响的大小[19,45-48]。此外，单一的实证研究由于样本量较少以及抽样误差，可能导致研究结论的不一致。如有学者[49] 指出女性的 PSM 水平高于男性[50]，但也有研究指出男性的 PSM 水平更高[35]。因此，亟须运用定量的方法分析我国 PSM 的影响因素。

综上所述，本研究采用元分析(meta-analysis)对如何激发我国员工的

PSM进行探讨。该方法是一种系统的汇总技术，基于以往实证研究结论，最大程度上减少抽样和测量上的误差，尽可能真实地呈现变量之间的关系[51]。国内外有学者试图对PSM的前因进行元分析[52-54]，但是现有文献涉及的前因变量较少，非聚焦于中国情境下，且缺少对PSM前因的调节效应分析。因此，本研究将在此基础上，围绕以下两个问题展开：(1)在中国情境下，人口统计特征、个性因素和组织因素与PSM的关系如何？(2)样本人口特征(如性别比例、平均年龄、平均工龄和职级比例)、发表语言和PSM测量工具是否会影响PSM与其前因变量的关系，即上述关系中是否存在调节效应。

第二节　文献综述与理论假设

公共服务动机是指“个体响应主要或完全地基于公共机构和组织的动机的倾向”[55]。Perry认为PSM由以下四个维度组成：对公共政策制定的吸引力、公共利益承诺、同情心和自我牺牲。鉴于PSM的文化适应性，学者们对上述四维测量模型进行了验证和反思。国内部分学者也修订或编制了适用于中国情境的PSM测量量表[21,26,56,57]。

Perry[39]提出的PSM社会化模型指出，PSM是由个体社会背景和组织环境共同决定的。以往动机理论也指出，人口统计特征因素、个性因素和组织因素是影响员工工作动机的重要条件。基于此，本书试图从以上三个方面探索中国情境下促进PSM产生的前因。具体而言，将检验人口统计特征因素中的性别、年龄、工龄、学历和职级，个性因素中的尽责性和金钱热爱以及组织因素中的薪酬水平、变革型领导和服务型领导对PSM的影响。尽管在上述框架下有许多其他变量值得考虑，但本研究选取这些变量的原因，一是基于以往综述文献的总结[52,58,59]，二是根据元分析对独立样本数据的要求，选取以往实证研究中学者关注较多的变量。本研究的理论模型如图3-1所示。

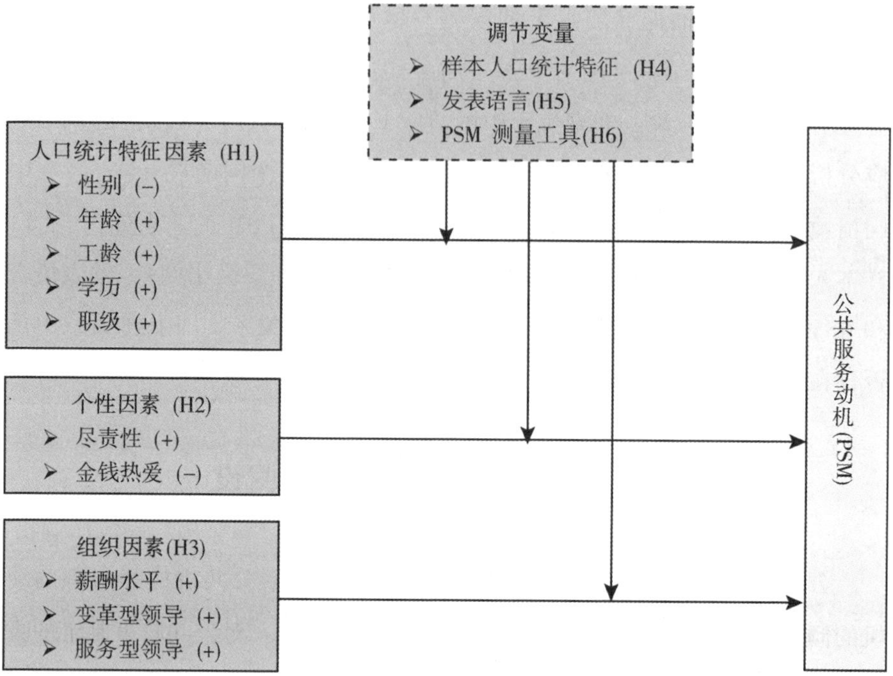

图 3-1 中国情境下公共服务动机前因研究系统分析框架

一、人口统计特征因素与 PSM

人口统计特征因素是 PSM 研究中最早被纳入前因研究的变量之一[60]，也是各研究最为广泛考察的潜在影响因素。根据既有研究，在人口统计特征方面学者们主要关注性别、年龄、工龄、学历和职级这五个因素。

(一) 性别

社会角色理论指出，社会根据性别分配的角色期望影响着个体的心理和行为状态。男性通常被期望拥有自我的、侵略的和主导的代理特征(agentic traits)，女性则被期望拥有社交敏感的、无私的和关爱他人的公共特征(communal traits)[61,62]。当前，公共机构的工作更倾向于服务社会，而非支配社会，因此受到角色期望的影响，相比男性，女性可能对支持性的公共服务工作更感兴趣，从而使其在公共服务动机方面表现得更好[63]。已有大量实证研究支持女性 PSM 水平显著高于男性的假设[22,49,64]。

但是，也有学者指出，性别与 PSM 之间的关系可能受到文化背景的影响[54]，在特定文化背景(如儒家文化背景)下可能仍然存在“男主外，女主内”的刻板观念，即社会对女性的家庭角色期望高于男性[65]，从而使女性在竞争性更强的公共政策制定、公共利益承诺和需要牺牲家庭生活的自我牺牲维度上表现不佳[50]。部分实证研究结果也验证了上述观点[24,66]。

然而，随着中国社会的进步，中国女性社会地位有了显著的提升，女性也越来越多地参与到社会事务的实际运作过程之中。同时有学者指出，女性出于对他人，尤其是对女性权益的关怀，同样对公共政策的制定感兴趣，并愿意投身于公共事业当中，从而也能在公共政策制定和公共利益承诺维度展现出较高水平[67]。综上所述，本研究认为尽管可能存在调节因素使性别与 PSM 的关系出现不稳定，但总体上女性的 PSM 水平将显著高于男性，并提出以下假设：

H1a：相比男性，女性员工的 PSM 更强。

(二)年龄

根据发展阶段理论(Psychosocial Development Theory)，人们服务和指导下一代的愿望会随着年龄的增长而增加，并希望自己能够对社会产生深远的积极影响，即随着个体年龄的增长，以公共服务为导向的动机会逐渐积累增长[54]。大量研究也表明年龄与 PSM 显著正相关[14,68-70]。

但也有部分学者认为年龄与 PSM 之间的关系是复杂的。例如学者丁淼淼[71]和张竞[72]发现公共部门雇员从进入老年期开始，PSM 将不再显著升高。这可能是由于随着年龄的增长，体力与精力都随之下降，因此，比起参与一线社会事务的辛劳，这些公共部门雇员更愿意退居二线，以培养接班人为目标。另外，还有一些中国情境下的研究显示年龄与 PSM 之间并无显著相关性[73-75]。综合上述分析，本研究认为，总体而言，随着个体年龄的增长，其 PSM 水平将显著提升。但其中可能存在调节变量，从而使这种关系不稳定，由此本研究提出以下假设：

H1b：员工年龄与其 PSM 水平显著正相关。

（三）工龄

Perry 从社会化视角提出，组织的信念、价值观和理想将激发其雇员的自我调节过程，使雇员的自我意识逐步与组织一致[39]。因此，员工在组织内的工作年限越长，他们受到组织内环境的影响就会越大，从而在信念与价值观方面逐步与组织趋同，并为组织目标和理想而奋斗。我国各公共机构向来以“为人民服务”为工作宗旨，近年来更是提出要打造“服务型政府”[76]。因此，工龄越长的员工越容易受到组织同化，认同公共服务的价值观，为公共事业和公共利益付出努力。已有大量实证研究结果表明随着员工工龄的增加，他们的公共服务动机水平将显著提高[77-79]。

然而，也有研究表明这二者之间并不存在显著的相关性[80]，这可能是由组织激励不当造成的，尤其在部分公共部门的雇员晋升与考评过程中，组织往往只看重员工的年资长短，而不看重其实际工作成果和绩效，长期来看这将打压员工的工作积极性，不利于员工 PSM 的增强。综上所述，本研究认为工龄与 PSM 显著正相关，但上述关系的稳定性可能受到现实因素的调节效应影响，为此提出以下假设：

H1c：员工工龄与其 PSM 水平显著正相关。

（四）学历

专业训练和学校教育能够显著提升人的认知和行动能力水平，从而使人能够理性地看待问题并做出选择，并且在行为上倾向于遵守规则以及富有责任感，因此学历高的人往往更能够意识到公共服务对社会的价值所在，且往往愿意承担社会责任[63,81]。大量研究也支持员工的学历水平与其 PSM 水平显著正相关的假设[2,20,82]。

尽管如此，也有一些学者发现二者之间并不存在显著相关性，甚至存在微量的负相关性[21,83]。这可能是因为，随着高等教育的普及，我国劳动力学历差异大幅缩小，尤其是近年来，诸多公共机构工作岗位均要求参选者学历在本科甚至硕士研究生及以上，这可能造成员工之间的 PSM 差异无法通过学历差异显著地表现出来。基于此，本研究认为尽管可能存在调节因素使学历与 PSM 之间的正相关关系不稳定，但总体来看二者是显著正相关的。由此，本研究提出以下假设：

H1d：员工学历与其 PSM 水平显著正相关。

(五)职级

职级体现了雇员在组织中的职位等级和地位的高低。一般而言，职级越高，表明该员工的工作时间越长，对组织做出的贡献越大。高职级雇员一方面受到组织价值观和信念理想的影响较大，另一方面他们确实展现了卓越的工作能力与奉献精神。此外，组织中的社会化机制可能会自然地淘汰那些对公共服务工作不感兴趣的雇员，留下的雇员则能够认同和展现公共服务价值[63]。大量实证研究支持了二者之间的正相关关系[84-86]，但也有部分实证研究结果不支持上述结论[87,88]。这一方面可能是因为员工的职级越高，其成就欲望越强，从而削弱了其内在的服务社会的动机，另一方面可能是由于各研究样本中职级分布的不均匀，导致研究结论存在差异性。综合上述分析，本研究认为总体而言，两者之间存在正相关关系，并提出以下假设：

H1e：员工职级与其 PSM 水平显著正相关。

二、个性因素与 PSM

“个性”是指个体稳定而独特的心理特征的总和。过去大量研究表明，个体的个性特征是预测个体工作态度、动机和行为的重要因素。个性特征也是中国情境下 PSM 前因变量研究中的热点话题。通过对已有研究的整理，本研究主要关注尽责性和金钱热爱对员工 PSM 的影响。

（一）尽责性

尽责性是五大人格特质中的一种，对他人的责任感和成就追求是其两个决定性特征。相比低尽责性的员工，高尽责性的员工更可能履行公民义务和自我牺牲，因而展示出较高水平的 PSM[89]。此外，高尽责性的员工会表现出持之以恒的特质，因此也有学者从意志力的角度，认为尽责性高的雇员即使面对工作中的消极因素也不会轻易退缩，更不会因此减弱对组织的认同和继续为组织付出努力，而这一点对于复杂繁琐的社会管理工作来说相当重要。目前，已有实证研究均表明尽责性与 PSM 有显著的正相关关系[74,90,91]。基于此，本研究提出以下假设：

H2a：员工的尽责性与其 PSM 水平正相关。

（二）金钱热爱

“金钱热爱”是指个体对金钱的心理衡量及其对金钱的渴望程度[92]。它强调的是个体对金钱的欲望而非需要，因此对金钱热爱水平高的个体来说，赚取金钱本身就是目的，即个体更可能为了金钱而努力工作[93]。但在实际情况中，公共部门工作并不具备高薪酬高回报的特征，因此高金钱热爱水平的雇员往往难以被激励去自愿为服务他人花费时间和金钱[30]，从而表现出较低的公共服务动机水平。此外，有学者认为公共服务动机与金钱热爱之间存在挤出效应，对金钱的热爱往往伴随着利他动机的减少[90]，因为金钱热爱本质上是一种外部动机，它会使个体试图从外部因素而不是内部驱动力中寻求激励力量，从而阻碍个体 PSM 水平的增长，已有的实证研究也验证了这一假设[68]。由此，我们提出以下假设：

H2b：员工金钱热爱水平与其 PSM 水平负相关。

三、组织因素与 PSM

近年来，学界对如何通过组织环境更好地激发员工 PSM 的研究热度一直居高不下[52,94]。基于对文献的梳理与整合，本研究将重点分析薪酬水平、变革型领导和服务型领导三个因素对 PSM 的影响。

(一)薪酬水平

关于薪酬水平对 PSM 的影响，基于中国情境的实证研究目前总体呈现两种结论，一种认为薪酬水平对 PSM 存在显著的正相关关系[95,96]。这可能是由于我国公共机构员工的薪酬水平与组织内部严格的等级划分相匹配，薪酬水平较高者代表其工作年限更长、职位更高，进一步说明该个体可能为公共服务做出了较多贡献，从而展现出较高的 PSM 水平。另一种认为个体的薪酬水平与其 PSM 水平之间并不存在必然的正向联系。因为尽管薪酬水平对人们的动机和行为有着重要的影响，但它并不是万能的[97]，如前所述，具备较高公共服务动机的个体往往对金钱激励并不敏感，支持他们工作的是他们对公共服务本身的重视与热爱；也有研究发现个体可能将收入用于满足自己的需要而不是为利他行为买单，从而使二者之间的相关关系不显著，部分实证研究结果也支持这一观点[20,21,98]。综合上述分析，本研究认为薪酬水平与 PSM 总体呈正相关关系，但两者之间存在一定的调节变量，具体假设如下：

H3a：组织的薪酬水平与其雇员的 PSM 水平显著正相关。

(二)变革型领导

Bass[99]将变革型领导(Transformation Leadership)定义为“通过理想化影响力、感召力、智力激发与个性化关怀使其下属超越即时的个人利益的领导类型”。变革型领导能够提高下属对成就、自我实现以及他人、组织和社会福祉的关注程度。过去大量实证研究表明变革型领导对下属 PSM 有显著的正向影响，这是因为：第一，变革型领导能够通过强化员工的亲社会动机来提高他们的公共服务动机；第二，变革型领导通过其理想化影响力与感召力，能够向下属传达组织愿景，使下属跟随组织价值观导向，为组织做出贡献；第三，变革型领导有助于帮助员工强化组织使命，且这个作用在公共组织中更为凸显[100]。总之，变革型领导会通过传递目标价值和树立榜样形象这两条路径，潜移默化地塑造与强化下属的公共服务动机[49,95,101]。因此，本研究提出以下假设：

H3b：组织中的变革型领导行为对其雇员的 PSM 水平具有正向影响。

（三）服务型领导

Greenleaf 认为服务型领导（Servant Leadership）“通过服务他人和满足他人需求获得对追随者的领导力”。过去大量实证研究表明服务型领导与下属的 PSM 显著正相关[14,102,103]。首先，从社会学习的视角来说，服务型领导通过树立服务他人、关心公共利益的模范形象，对下属进行言传身教和潜移默化的影响，提高下属对公共服务价值的认同，从而获得 PSM 的显著提升[36,104]。其次，基于社会交换视角，有学者认为服务型领导通过展现对下属的关怀与帮助获得员工的追随，出于回报，员工会积极实现组织目标，回应领导对其服务社会的期望。最后，服务型领导还将通过强调对公共服务价值的关注，塑造团队或组织整体的服务氛围[105]，从而提高员工的 PSM 水平。因此，本研究提出以下假设：

H3c：组织中的服务型领导行为对其雇员的 PSM 水平具有正向影响。

四、样本人口统计特征的调节作用

样本人口统计特征（如性别、年龄、工龄和职级）除了可能对 PSM 有直接影响外，有学者指出上述变量也可能对 PSM 及相关变量的关系起到调节作用[63,106]。这是因为在实际调研过程中，由于调研条件和对象的限制，很难保证取样的随机性以及调研对象在性别、年龄、工龄和职级比例的均匀分布。因此，样本的不同结构特征可能成为影响 PSM 及其前因关系的重要调节因素。

如上所述，相对于男性而言，女性角色展示出更多的仁慈和同理心，进而表现出更高的 PSM 水平。基于此，若调研样本中所含男性比例较大，则女性有可能整体 PSM 水平偏低，此时 PSM 与其前因的关系可能会有所改变。同理，员工的年龄和工龄较大，职级层次较高时，其本身对所在组织的认同程度和服务意愿可能会更高，因此当调研样本中年龄、工龄较大或职级层次较高的个体占比较多时，PSM 与其他变量的关系可能会被进一步强化。基于此，本研究提出以下假设：

H4：研究样本特征，如性别比例（4a）、平均年龄（4b）、平均工龄（4c）和职级比例（4d）对上述前因变量与 PSM 之间的关系具有调节作用。

五、发表语言的调节作用

PSM 的概念一经提出，随即引起了国内外学者的广泛关注。尤其是近些年来，伴随着我国构建“服务型政府”的不断推进，中国情境下的 PSM 研究也大量涌现。这些研究不仅在国内期刊上发表，诸多以我国各机构员工为调研对象的研究也获得了国外期刊的认可[57,107]。鉴于国内外文化的差异以及期刊要求和评审风格的差异，本研究认为发表于国外期刊的论文可能更符合西方研究的范式和喜好，即 PSM 与其前因变量之间关系的异质性可能是由于发表语言导致的。基于此，本研究提出以下假设：

H5：发表语言对上述前因变量与 PSM 的关系具有调节作用。

六、公共服务动机测量工具的调节作用

随着 PSM 研究的不断进展，已有大量学者发现 PSM 的定义以及测量会受到特定文化、制度和环境的影响[7]。因此，国内外学者在 Perry 提出的四维度结构基础上，以各国社会历史文化为背景开发了多种量表[108-110]。其中，也有许多学者以中国本土文化为背景，开发了中国情境下的 PSM 测量工具，如刘帮成及其合作者基于中国情境开发与改进的一系列量表[56]，以及包元杰和李超平在 Kim 跨文化 PSM 量表基础上修订的 8 题项量表[22]等，这些量表的有效性与可靠性也获得了后续研究的支持[36,111]。总之，鉴于不同文化背景下开发的 PSM 测量工具在概念基础和具体内容上的差异，本研究认为其可能造成 PSM 和前因关系的异质性。因此，本研究提出以下假设：

H6：PSM 测量工具对上述前因变量与 PSM 的关系具有调节作用。

第三节　研究方法

一、文献检索及纳入标准

本研究的文献搜索主要采用两种方式：第一种是直接搜索，本研究在中文数据库(CNKI总库)中以“公共服务动机”为关键词，在摘要中搜索相应的中文期刊和硕博论文。在英文数据库(EBSCO、ABI/INFORM、Elsevier Science Direct、Oxford Journals、SAGE、Taylor & Francis、Web of Science、ProQuest Dissertations & Theses 和 Google Scholar)中以“public service motivation”“PSM”“public sector motivation”和“civil service motivation”以及“China/Chinese”“Hong Kong”“Taiwan”和“Macau”为关键词，在摘要中检索相应文献，然后采用人工排查的方式逐篇筛选；第二种是“滚雪球”的方式，参考已有的PSM综述性文献，与其参考文献列表进行比对，防止有文献遗漏。为保证文献搜索的全面性，中英文文献均未设置检索的开始时间，英文文献检索时间截至2019年12月31日，中文文献检索时间截至2020年6月30日。

本次元分析文献纳入标准如下：(1)仅选取以中国情境为背景的实证研究论文。(2)研究中探讨了公共服务动机或其某些维度与本研究PSM前因变量研究框架中选入的相关变量的关系。(3)资料数据完整，明确地报告了样本量与相关系数，没有报告相关系数的，需有相应的F值、T值、回归系数和卡方值等。需要指出的是，为防止选取偏差，本研究将学位论文和会议论文均纳入分析。最终根据上述标准筛选后获得有效文献121篇，包括中文文献93篇(期刊论文40篇，学位论文51篇，会议论文2篇)，英文文献28篇(期刊论文27篇，会议论文1篇)。

二、文献编码

由于元分析数据均来源于其他研究，为方便进行分析，需要对数据进行统一编码，达到进一步筛选可用数据的目的。本研究编码标准如下：(1)以独立样本为单位，每个独立样本编码一次，如果一篇文献包含多个独立样本，则分开编码。(2)数据样本重复发表的只选其一；学位论文修改后发表的，只将发表后的数据纳入分析。(3)在研究中对同一样本群体的公共服务动机及其他变量进行多次测量的，仅采用最后一次报告的数据。(4)鉴于公共服务动机的不同量表存在不同维度，编码时先查看是否有公共服务动机整体与相关变量的数据报告，若有则取整体相关，若无则用维度层面的结果取平均值后作为整体相关。(5)研究结果若未直接报告变量之间的两两相关，但有其他回归系数、路径系数、方差分析 T 值、F 值等，转化后纳入元分析范畴。(6)调节变量的编码如下：关于样本人口统计特征，性别为样本中男性所占比例，年龄、工龄分别为样本平均年龄、平均工龄，职级为样本中科员及以下比例；关于发表语言，中文设为 1，英文设为 2；关于 PSM 测量工具，非基于中国情境开发和编制的量表设为 1，基于中国情境的设为 2，混合多种量表改编的设为 3。

为确保数据编码的准确性，本研究采用多人对文献进行同时编码，然后比对编码结果的方法。多人编码的结果发现，除了个别数据有偏差外，编码不存在明显的差异，一致性较高。按照上述规则编码后，最终的元分析包含 112 个独立样本，总样本量达 52644 个。

三、统计分析

元分析是对同一研究问题的研究结果进行系统汇总的分析技术，它能够通过总结多个单一实证研究中对同一问题或假设的回答，来呈现变量之间的真实关系[112]。本研究采用 Field 和 Gillett[113] 开发的 SPSS 语法和 CMA3.0(Comprehensive Meta Analysis 3.0)进行元分析。

具体的统计分析过程如下。首先，本研究通过失安全系数(Fail-safe number)和 Egger 回归系数检验是否存在发表偏倚。其次，检验纳入元分析的文献之间是否存在异质性，本研究采用抽样方差解释真实方差的百分比(%Var)来进行判断，根据 Schmidt 和 Hunter[114] 的判定原则，当%Var 小于

75%，表示研究具有异质性，当%Var 大于 75%时，代表研究结果不存在差异性；接着，对假设 1 至假设 3，采用 Hunter 和 Schmidt[51] 的方法进行主效应分析，因为 Hunter 和 Schmidt 的元分析方法比起传统元分析方法，更有利于排除基础研究中的错误与偏差，对于有异质性的变量我们采用随机模型，对于不存在异质性的变量我们采用固定模型；然后，本研究采用随机模型元分析检验假设 4 中的人口统计特征的调节效应。最后，通过同质性分析检验假设 5 和 6 中的调节效应是否显著。

第四节　数据分析与结果

一、发表偏倚分析

发表偏倚(Publication Bias)是指实证研究往往由于数据分析结果不显著而导致未能成功发表的情况[51]。本研究采用失安全系数结合 Egger 线性回归法检查研究是否存在发表偏倚，结果如表 3-1 所示。分析结果显示，除年龄和金钱热爱外，其他变量均通过失安全系数与 Egger 回归系数检验。但需要说明的是，当失安全系数大于 5K+10 时(K 为独立研究个数)，说明不存在发表偏倚，所以，尽管年龄的 Egger 线性回归结果显著($p=0.043<0.05$)，但其失安全系数远大于临界值 440，说明存在发表偏倚的可能性较低；同样，虽然金钱热爱的失安全系数低于临界值，但 Egger 线性回归结果不显著($p=0.311>0.05$)。综上所述，本研究基本不存在发表偏倚，结果稳定可靠。

表 3-1　　**发表偏倚分析结果**

前因变量	K	Z	失安全系数 α=0.05	Egger 线性回归 p 值
性别	105	5.338	674	0.250

续表

前因变量	K	Z	失安全系数 α=0.05	Egger 线性 回归 p 值
年龄	86	11.059	2653	0.043
工龄	71	9.650	1651	0.963
学历	69	6.451	679	0.563
职级	30	7.828	449	0.133
尽责性	6	19.677	599	0.521
金钱热爱	3	1.117	0	0.311
薪酬水平	24	4.399	97	0.340
变革型领导	5	19.769	504	0.230
服务型领导	9	29.757	2066	0.136

二、主效应检验结果

人口统计特征因素、个性因素和组织因素中各变量与 PSM 的元分析结果见表 3-2。表 3-2 中报告了独立研究数量(K)、总样本量(N)、样本加权平均相关系数(r)、各变量与 PSM 之间真实相关系数效应值(ρ)，以及 95%的置信区间(CI95%)和抽样方差解释真实方差的百分比(%Var)等。

从人口统计特征因素来看，员工的性别(ρ = 0.032)、年龄(ρ = 0.046)、工龄(ρ=0.057)、受教育水平(ρ=0.042)与职级(ρ=0.078)这五个人口统计特征变量与 PSM 之间表现出微量的正相关关系，但它们 95%的置信区间都包含 0，说明关系均不显著。因此，有关人口统计特征因素与 PSM 关系的假设 1 未得到验证。

在个性因素方面，分析结果显示，尽责性与 PSM 之间的真实相关系数效应值达到 0.466，95%置信区间[0.316，0.494]不包含 0，说明二者之间存在显著的正相关关系，假设 2a 得到验证。金钱热爱与 PSM 之间显示出微量的正相关(ρ=0.077)，但 95%置信区间包含 0，说明二者之间并不存在显著的相关关系，假设 2b 则未得到支持。总体而言，假设 2 获得部分支持。

表 3-2　　　　主效应的元分析结果

变量	K	N	r	ρ	SD_ρ	$CI_{95\%}$	$CV_{80\%}$	%Var
人口统计特征因素								
性别	105	48457	0.030	0.032	0.098	[-0.061, 0.122]	[-0.094, 0.157]	20.048%
年龄	86	41523	0.043	0.046	0.152	[-0.046, 0.132]	[-0.149, 0.240]	9.031%
工龄	71	32097	0.054	0.057	0.136	[-0.038, 0.146]	[-0.118, 0.231]	11.612%
学历	69	32164	0.040	0.042	0.139	[-0.051, 0.131]	[-0.135, 0.219]	10.888%
职级	30	16459	0.073	0.078	0.106	[-0.010, 0.157]	[-0.057, 0.214]	15.064%
个性因素								
尽责性	6	2059	0.405	0.466	0.224	[0.316, 0.494]	[0.179, 0.753]	5.084%
金钱热爱	3	696	0.066	0.077	0.180	[-0.063, 0.194]	[-0.154, 0.308]	17.197%
组织因素								
薪酬水平	24	9727	0.038	0.041	0.124	[-0.059, 0.136]	[-0.118, 0.200]	14.892%
变革型领导	5	1460	0.455	0.503	0.162	[0.364, 0.546]	[0.296, 0.710]	9.210%
服务型领导	9	3267	0.493	0.533	0.125	[0.415, 0.571]	[0.373, 0.693]	10.562%

注：K=独立研究的数量；N=总样本量；r=样本加权平均相关系数；ρ=真实相关系数的均值；SD_ρ=真实相关系数的标准差；$CI_{95\%}$=95%置信区间；$CV_{80\%}$=80%可信区间；%Var=抽样方差解释真实方差的百分比。

在组织因素方面，薪酬水平与 PSM 表现出微量的正相关关系（ρ＝0.041），但这种关系并不显著（95%置信区间含 0）。本研究发现变革型领导（ρ＝0.503）和服务型领导（ρ＝0.533）与 PSM 之间均呈显著正相关关系（95%置信区间不含 0），因此，假设 3a 未得到验证，而假设 3b 和假设 3c 得到支持。

此外，所有变量的%Var 都小于 75%，这表明所有纳入研究的前因变量与 PSM 之间的关系中都存在调节变量的作用，说明有必要对可能的调节效应进行进一步的分析。

三、调节效应检验结果

（一）样本人口统计特征的调节效应检验

假设 4 提出了样本人口统计特征对 PSM 及其前因变量关系的调节作用，随机模型检验结果如表 3-3 所示。分析结果显示，样本平均年龄（B＝0.045）和平均工龄（B＝0.068）分别在 0.05 和 0.1 水平对年龄和 PSM 的关系起正向调节作用。这说明样本平均年龄和平均工龄越大，年龄与 PSM 之间的相关性越强，从而部分支持了假设 4。

（二）发表语言与 PSM 测量工具的调节效应检验

假设 5 和假设 6 分别提出了发表语言和 PSM 测量工具对 PSM 与其前因变量关系的调节作用，相关结果详见表 3-4。通过同质性检验可看出，在发表语言的调节作用方面，发表语言显著调节工龄与 PSM 的关系（$Q_{组间}=9.578$，$p<0.05$），二者之间的相关系数在使用中文发表时（ρ＝0.078）显著高于使用英文发表时（ρ＝−0.012）。发表语言还显著调节尽责性与 PSM 的相关关系（$Q_{组间}=14.717$，$p<0.001$），使用中文发表时尽责性与 PSM 的相关系数（ρ＝0.359）明显低于使用英文发表时的相关系数（ρ＝0.692）。此外，服务型领导与 PSM 的相关系数在使用中文发表时（ρ＝0.589）高于使用英文发表时的相关系数（ρ＝0.446），表明发表语言在上述关系中起到边缘化调节作用（$Q_{组间}=3.747$，$p<0.1$）。

表 3-3 **人口统计变量与公共服务动机各因素调节效应的随机模型检验**

变量	性别			年龄			工龄			职级		
	K	B	SE	K	B	SE	K	B	SE	K	B	SE
性别	98	−0.014	0.084	35	0.024	0.023	35	−0.030	0.025	34	−0.003	0.110
年龄	78	0.048	0.136	32	0.045*	0.021	29	0.068+	0.023	31	0.097	0.136
工龄	64	−0.141	0.144	26	−0.026	0.030	30	0.026	0.029	27	−0.138	0.132
学历	64	0.118	0.130	14	−0.016	0.031	15	−0.022	0.024	30	−0.183	0.115
职级	28	0.271	0.205	5	−0.001	0.018	5	0.009	0.021	26	0.054	0.094
尽责性	6	0.540	1.023	—	—	—	—	—	—	—	—	—
金钱热爱	—	—	—	—	—	—	—	—	—	—	—	—
薪酬水平	22	−0.270	0.191	6	−0.045	0.063	6	−0.087	0.050	11	0.065	0.280
服务型领导	9	−0.639	0.840	4	−0.088	0.127	—	—	—	4	−0.254	0.308
变革型领导	5	−0.093	0.624	—	—	—	—	—	—	4	−0.229	0.630

注：K＝回归分析中独立研究的数量；B＝每个调节变量的回归系数；SE＝标准误；性别为样本中男性比例人数；年龄和工龄为样本中实际平均年龄和工龄；职级为样本中科员及以下比例；+表示 $p<0.1$，*表示 $p<0.05$，**表示 $p<0.01$，***表示 $p<0.001$；年龄和工龄放入回归之前，先标准化。

表 3-4　**调节效应的元分析结果**

调节变量		同质性分析			K	N	r	ρ	SD_ρ	$CI_{95\%}$	$CV_{80\%}$	%Var
		Q 组间	df	p 值								
性别												
发表语言	中文	0.518	1	0.472	79	38689	0.029	0.030	0.104	[−0.060，0.118]	[−0.103，0.162]	17.282%
	英文				46	18661	0.032	0.035	0.072	[−0.065，0.130]	[−0.058，0.127]	34.515%
测量工具	非中国情境	2.705	2	0.259	55	25447	0.044	0.045	0.077	[−0.048，0.135]	[−0.053，0.144]	29.051%
	中国情境				34	13852	0.020	0.022	0.127	[−0.077，0.117]	[−0.141，0.185]	14.715%
	混合及其他				13	8362	0.014	0.016	0.098	[−0.063，0.092]	[−0.110，0.141]	14.597%
年龄												
发表语言	中文	0.051	1	0.821	64	32965	0.041	0.043	0.161	[−0.046，0.127]	[−0.163，0.249]	7.524%
	英文				22	8558	0.053	0.057	0.104	[−0.046，0.152]	[−0.076，0.189]	21.874%
测量工具	非中国情境	2.068	2	0.136	45	22475	0.026	0.030	0.137	[−0.062，0.114]	[−0.145，0.205]	10.645%
	中国情境				30	12134	0.075	0.078	0.180	[−0.022 .172]	[−0.152，0.309]	7.916%
	混合及其他				11	6914	0.042	0.041	0.136	[−0.036，0.120]	[−0.134，0.216]	8.106%
工龄												
发表语言	中文	9.578	1	<u>0.002</u>	50	23799	0.076	<u>0.078</u>	0.142	[−0.013，0.166]	[0.002，0.020]	9.970%
	英文				21	8298	−0.009	<u>−0.012</u>	0.084	[−0.108，0.090]	[−0.120，0.096]	30.119%
测量工具	非中国情境	0.604	2	0.739	40	18564	0.063	0.067	0.116	[−0.027，0.154]	[−0.081，0.216]	14.983%

续表

调节变量		同质性分析			K	N	r	ρ	SD_{ρ}	$CI_{95\%}$	$CV_{80\%}$	%Var
		Q 组间	df	p 值								
	中国情境				24	10167	0.061	0.063	0.168	[−0.034，0.156]	[−0.152 .278]	8.592%
	混合及其他				5	2874	−0.015	−0.016	0.121	[−0.097，0.067]	[−0.172，0.139]	11.106%
学历												
发表语言	中文	1.800	1	0.180	61	28931	0.046	0.048	0.135	[−0.044，0.136]	[−0.125，0.220]	11.163%
	英文				8	3233	−0.008	−0.013	0.162	[−0.105，0.090]	[−0.221，0.194]	10.199%
测量工具	非中国情境	4.447	2	0.108	32	15265	0.033	0.034	0.121	[−0.057，0.123]	[−0.121，0.189]	13.518%
	中国情境				25	9804	0.090	0.095	0.024	[−0.009，0.188]	[−0.092，0.281]	11.710%
	混合及其他				12	7095	−0.012	−0.011	0.140	[−0.093，0.069]	[−0.189，0.168]	8.461%
职级												
测量工具	非中国情境	3.677	2	0.159	18	10250	0.068	0.074	0.085	[−0.014，0.150]	[−0.035，0.182]	20.822%
	中国情境				8	4699	0.117	0.124	0.117	[0.037，0.196]	[−0.026，0.274]	12.114%
	混合及其他				4	1510	−0.028	−0.026	0.117	[−0.129，0.073]	[−0.175，0.124]	17.235%
尽责性												
发表语言	中文	14.717	1	0.000	4	1434	0.310	0.359	0.192	[0.216，0.403]	[0.113，0.604]	7.738%
	英文				2	625	0.623	0.692	0.060	[0.555，0.691]	[0.615，0.768]	29.505%
测量工具	非中国情境	1.547	1	0.214	3	1021	0.347	0.380	0.199	[0.253，0.441]	[0.128，0.635]	6.278%

续表

调节变量		同质性分析			K	N	r	ρ	SD_ρ	$CI_{95\%}$	$CV_{80\%}$	%Var
		Q 组间	df	p 值								
	中国情境				2	833	0.550	0.665	0.075	[0.483, 0.617]	[0.570, 0.761]	23.551%
薪酬水平												
测量工具	非中国情境	0.162	2	<u>0.092</u>	11	4977	0.037	<u>0.040</u>	0.105	[−0.055, 0.129]	[−0.095, 0.174]	17.653%
	中国情境				6	2186	0.097	<u>0.012</u>	0.096	[−0.005, 0.199]	[−0.019, 0.226]	25.043%
	混合及其他				5	2054	−0.008	<u>−0.008</u>	0.176	[−0.105, 0.089]	[−0.233, 0.217]	8.093%
变革型领导												
测量工具	非中国情境	9.749	1	<u>0.002</u>	3	987	0.369	<u>0.407</u>	0.098	[0.275, 0.462]	[0.281, 0.532]	22.514%
	中国情境				2	473	0.634	<u>0.705</u>	0.035	[0.558, 0.711]	[0.660, 0.750]	60.374%
服务型领导												
发表语言	中文	3.747	1	<u>0.053</u>	5	1954	0.552	<u>0.589</u>	0.066	[0.483, 0.621]	[0.506, 0.673]	24.899%
	英文				4	1313	0.406	<u>0.446</u>	0.143	[0.316, 0.497]	[0.263 .629]	11.007%
测量工具	非中国情境	0.972	1	0.324	3	973	0.441	0.495	0.230	[0.353, 0.529]	[0.201, 0.789]	4.545%
	中国情境				6	2294	0.515	0.548	0.024	[0.442, 0.589]	[0.517, 0.579]	73.421%

注：同表 3-2。此外，由于部分变量(职级、金钱热爱、薪酬水平、变革型领导、服务型领导等)分组后达不到元分析样本要求数量，因此未报告相关分组信息。部分变量(性别、工龄、尽责性)因信息缺失，造成分组样本数量与全部样本数量存在一定的差异。

在 PSM 测量工具类型方面，PSM 测量工具类型显著调节变革型领导与 PSM 的正相关关系($Q_{组间}=9.749$，$p<0.05$)，二者在使用基于中国情境编制量表时的相关系数($\rho=0.705$)显著高于使用非中国情境量表时的相关系数($\rho=0.407$)。此外，薪酬水平与 PSM 的相关系数在使用非中国情境量表时最高($\rho=0.040$)，其次是基于中国情境编制的量表($\rho=0.012$)，使用其他混合量表时的相关系数最低($\rho=-0.008$)，表明 PSM 测量工具对薪酬水平与 PSM 的关系起重要调节作用($Q_{组间}=0.162$，$p<0.1$)。

除上述调节效应显著外，并未发现发表语言和 PSM 测量工具对其他变量与 PSM 的相关关系起到显著调节作用。由此，综上所述，假设 5 和假设 6 得到了部分支持。

第五节　结论与讨论

一、研究结论

第一，元分析结果表明在中国情境下，员工的性别、年龄、工龄、学历和职级均与其 PSM 水平无显著相关性。这与本研究假设，以及 Parola[54]和胥彦、李超平等学者的元分析结果均不一致。究其原因，本研究认为最大的差异在于样本量的选取。本研究仅将中国情境下的 PSM 研究纳入分析，而上述两篇元分析纳入了各种文化情境下有关人口统计特征和 PSM 关系的研究。这也从另一个侧面证实了本研究的重要性，即考虑到 PSM 研究在各文化背景下的差异，亟须对单个文化背景下的研究进行分析。

第二，元分析结果表明，员工的尽责性与其 PSM 水平正相关，这也进一步证实了尽责性是预测员工工作态度和行为的良好指标[91]。但与假设不一致的是，金钱热爱并没有表现出对 PSM 的显著影响，一方面，这可能是由于进入元分析的研究过少($K=3$)；另一方面，这也说明了个体对金钱的热爱程度不能够预测其 PSM 水平，一个人对金钱有强烈欲望与他有较高水平的公共服务动机并不冲突，这其中可能存在薪酬满意度或其他调节变量的影响[92,115]。

第三，在组织因素方面，组织的薪酬水平对其员工的PSM水平不存在显著影响。尽管与假设不一致，但这个结果证实了金钱激励并不是万能的[92]，尤其在公共部门中，对于部分员工而言，驱动他们不懈努力的是服务社会与大众的内部动机，而非追求外在的钱财[63]。此外，本研究还发现，变革型领导和服务型领导对下属的PSM存在显著的正向影响，这也进一步验证了下属通过对上级的学习和模仿等，会对自身的工作动机产生深远的影响[116,117]。

第四，本研究还发现样本人口统计特征、发表语言和PSM测量工具对PSM及其前因的关系存在调节作用。这在一定程度上也为PSM和相关前因变量(如年龄、尽责性、薪酬水平和服务型领导)中出现矛盾性结论或差异性较大结果提供了合理解释。

二、理论启示

本研究响应Parola[54]和胥彦、李超平[50]等学者的号召，使用元分析的方法对中国情境下的PSM前因研究进行了深入分析。在上述研究基础上，本研究还存在以下理论贡献：

第一，本研究进一步丰富了PSM的前因研究。以往的PSM元分析仅考察人口统计特征因素如年龄、性别和学历等，忽略了员工个体特征和组织因素的影响。根据Perry[39]提出的PSM社会化模型，我们可以发现，除了人口统计特征外，员工的个性特征和组织环境对其PSM的产生有着深远影响。事实上，从本研究元分析结果的效应量值也可以看出，个体因素和组织因素对PSM的影响要显著高于人口统计特征对PSM的影响。所以，本研究从上述三个方面探讨PSM的影响因素有助于更为全面地揭示中国情境下PSM前因研究现状，为未来PSM的研究提供重要启示，如需要进一步加强员工个性因素和组织因素对PSM影响的研究。

第二，本研究是专门针对中国情境的元分析。Kim[15]等指出，PSM的内涵、测量和变量之间的关系与文化背景密切相关。我国的特殊性至少表现在以下两方面：一是相较于西方，我国独特的政治体制会导致我国在员工尤其是公共部门雇员的管理方式上存在一定的差异。如学者 Ma 等[118]指出，我国公务员在晋升时会存在一定的人情因素，这可能会对公务员的 PSM 产生影响。此外，受儒家文化的影响，我国在治国理政中提倡仁政爱民、家国等思想，这些思想在一定程度上与 PSM 的内核相一致，并有利于 PSM 的产生[119,120]。总之，针对我国情境下的 PSM 元分析有助于人们更好地认识我国和其他国家研究结论的差异性。

第三，本研究还重点考察了样本人口统计特征、发表语言和 PSM 测量工具的调节作用。以往元分析重点关注了中西方文化背景和 PSM 测量工具对 PSM 和相关变量的调节作用[50,54,121]，除此之外，本研究认为样本的人口统计特征也可能是调节 PSM 及其前因关系的一个重要变量。虽然仅有少量假设得到支持，但本研究结论也印证了样本选取时应尽可能随机化以减少样本本身对研究结果的影响。此外，鉴于中西方文化背景的巨大差异，本研究还考察了发表语言和 PSM 测量工具的调节作用，部分结论得到了支持，这也进一步验证了 Kim 等学者的观点，即 PSM 研究具有较强的文化依赖性。

三、管理启示

本研究对如何提高员工的公共服务动机乃至公共部门雇员管理也有一定的实践指导意义。首先，本研究结果表明在中国情境下，人口统计特征变量与 PSM 的关系均不显著。这说明，一名员工的性别、年龄、学历、资历或职位的高低，对他是否关心社会动向、是否愿意提供公共服务和为社会做出贡献之间并没有必然联系。因此，在遴选和提拔员工时，组织不应因候选人的人口统计特征而形成刻板印象，从而做出不公平和主观先入的判断[122]。其次，鉴于员工尽责性对 PSM 的显著影响，组织可在人员选拔时尽可能甄选出尽责性高的员工，或通过在岗培训等方式不断提高员工的尽责性[74,90,123]。再次，本研究结论还说明了领导行为(变革型领导行为和服务型领导行为)对下属 PSM 的深远影响，因此，管理者在努力提高下属

PSM水平的同时，还应注重自身的培养和提高，通过塑造自身魅力来增强下属的公共服务动机[103]。最后，管理者也需要厘清薪酬激励的两面性，并不是越高的薪酬奖励越能激发下属的PSM水平，甚至有可能存在外在动机对内在动机的挤出效应[124]。所以，管理者应根据雇员对激励方式的偏好以及组织薪酬体制来合理制定激励政策[94,125,126]，以期更好地调动员工的公共服务动机。

四、研究不足与展望

除上述讨论中提及的研究启示，本研究也还存在一些不足，有待后续研究改进与完善。首先，本研究受到基础研究的可用性与质量的限制。本次元分析中的大部分研究都是横断面研究，因此难以推断变量间的因果关系。如我们不能推断到底是员工尽责性增强了其PSM，还是员工的PSM强化了其尽责性，因此，未来需要更多纵向研究以进一步探索PSM前因的因果关系。

其次，本研究对r值的研究采用了平均化与转化的处理方式以获得效应值，这在一定程度上可能影响到信息的准确性。同时，部分变量的研究样本较少，样本量间差异较大，可能会出现偏倚，例如本研究中金钱热爱变量的实证研究数量仅有3个，这有可能导致其与员工PSM水平关系不稳定，期待未来有更多相关实证研究后，对这类变量再次进行元分析。

再次，本次元分析只分析了部分人口统计特征、个体因素与组织因素和PSM之间的关系，其他变量，诸如雇员的婚姻状况、父母任公职情况、尽责性以外的其他五大人格特质、道德型领导、家长式领导都可能对员工的PSM水平产生影响[50,127,128]。但限于此类研究不多，或部分研究缺乏将其纳入定量分析所需的某些信息，无法进行元分析，有待更多研究对这些变量与PSM之间的关系进行研究考察，同时也希望学界加强对公共管理领域实证研究结果报告规范的重视，减少研究结果报告的主观性与随意性，以使后续元分析研究能够将更多变量纳入研究框架，元分析结果也将更加清晰可靠。

最后，尽管本研究引入了一些调节变量以探索研究特征对研究结论的影响，但分析结果并未显示出这些调节变量的作用，说明还存在一些其他有价值的调节变量，诸如研究的抽样方法、样本的岗位类型与所属单位层级等[121]，但由于提供这些信息的研究数量较少，无法进行元分析，期待未来的研究能够更多地提供这些信息。此外，在本研究确定了某些前因变量(如尽责性、变革型领导、服务型领导)与PSM之间的关系后，学者们也可更多探讨这些关系中存在的中介机制，以完善研究链条与框架。

第四章　公共服务动机结果研究：基于中国情境下的元分析

第一节　引　　言

根据 Perry 和 Wise 的定义，公共服务动机是指“个人主要或完全基于公共机构和部门的动机做出回应的个人倾向”[1]。PSM 概念一经提出，就成为公共管理领域的热门话题。这是因为大量实证研究表明 PSM 对员工的态度和行为起到了积极作用，如提高员工工作满意度[129,130]、工作绩效[27,131]、组织认同[57,80]、降低员工离职意愿[8,130]等。Kim 等[15]学者指出，PSM 的内涵、测量工具和效果与文化背景相关，需要多开展跨文化的研究。近年来，基于我国文化背景和数据调查的实证研究也呈现逐年上升的趋势[35,123,132]，且部分研究成果在国际期刊上获得发表[31,133,134]。

为了厘清中国情境下 PSM 的结果研究，国内涌现了大量定性的文献综述[12,45,58]，但这些传统描述性文献综述只能主观地归纳已有的研究结论，无法计算 PSM 与结果变量之间准确的效应值，且存在不够精准、缺乏深度分析等缺陷，因此进行系统性和定量化的文献综述迫在眉睫。而元分析就是一个良好的方法，其能整合不同研究发现，并最大限度地避免抽样误差，呈现出更为真实的变量关系[51,112]。因此，本研究试图对中国情境下 PSM 结果研究进行元分析，试图寻找以下问题的答案：(1) 中国情境下 PSM 结果研究包括哪些变量？(2) PSM 与上述变量之间的关系如何？(3) 样本特征(如男性比例、平均年龄、平均工龄和科员及以下比例等)、发表语言和测量工具是否影响 PSM 和结果变量之间的关系。

第二节 理论框架与研究假设

目前，公共服务动机的结果研究主要聚焦于该动机对员工自身的影响，如常见的员工工作态度、绩效和工作行为等。除此之外，近年来，随着公共部门“以人为本”导向的不断推进，公共部门雇员的心理健康也逐渐受到学者的广泛关注[135,136]。基于此，本研究主要从员工工作态度、绩效与工作行为和心理健康三个方面系统构建中国情境下 PSM 结果研究的元分析框架。具体而言，在员工工作态度方面，选取工作满意度、工作投入、情感承诺、个人与组织匹配、组织认同和离职意愿；在员工绩效与工作行为方面，选取工作绩效、情境绩效、任务绩效、建言行为和变革型组织公民行为；在员工心理健康方面，关注阻碍性压力、挑战性压力、表层扮演和深层扮演四个变量。当然，在此框架下还有许多其他变量，但是基于元分析对样本量的要求，本研究选取学者们关注较多的变量纳入该分析框架。本研究的总体理论框架如图 4-1 所示。

一、公共服务动机与员工工作态度的关系

(一) 工作满意度

工作满意度(job satisfaction)是指“员工对工作环境的感受以及生理和心理上的满足，是员工对工作的情感或态度”[137]。过去大量中国情境下的实证研究表明 PSM 与员工工作满意度正相关，并提出至少以下三种理由：首先，从需求的角度来说，如果环境条件能够满足员工的期望和需求时，其工作满意度水平会更高。而公共组织的特殊性就在于它能够满足员工参与政策制定过程或服务于公共利益的需求[138]，公共部门的工作能够给员工提供丰富的为公共利益服务的机会，这类机会满足了高 PSM 者对自身的认知，促进了员工个人价值观与工作特征的匹配[13,56,68,134]。因而公务员的

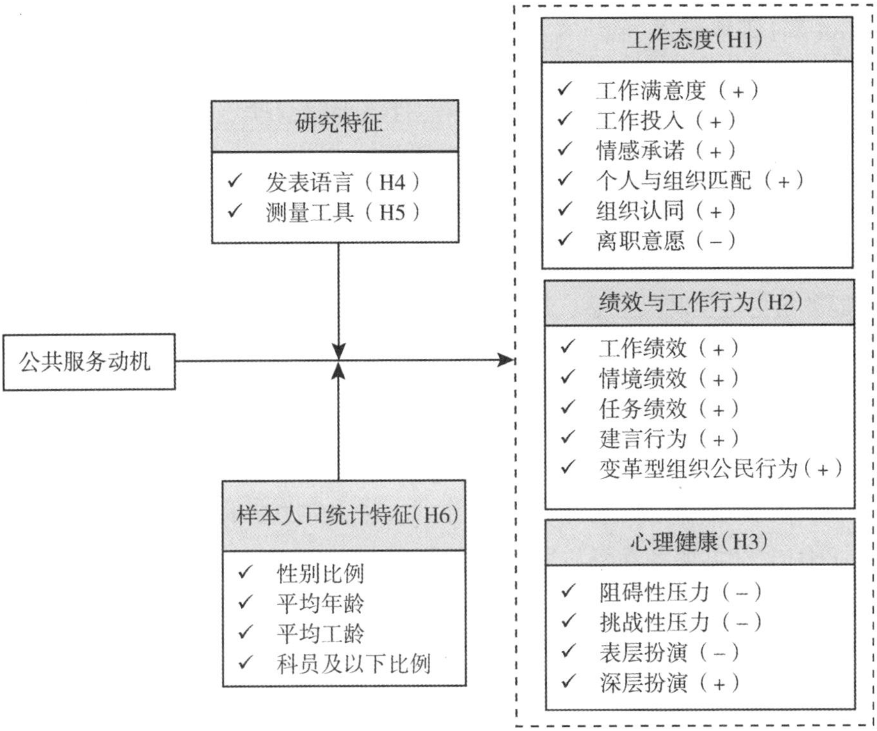

图 4-1 中国情境下公共服务动机结果研究的元分析系统框架

PSM 水平越高时，员工越可能被公共组织所吸引且对工作更加满意。其次，员工的 PSM 水平越高，其对所在组织价值观的认同程度会越高，员工对组织的内在认同会提高其对工作的认知，进而也会增加工作满意度[22,111,139,140]，并且，根据强化理论和自我决定理论，公共部门员工具备参与公共服务和服务大众的内在动机，而公共部门又倡导员工服务大众，这种外部强化能够提升员工对自身工作的价值和意义的感知，进而获得更多的成就感和满足感，即外部环境进一步强化了员工内在动机，从而员工的工作满意度也相应有所提高[24,141,142]。大量学者的研究验证了 PSM 与工作满意度的正相关关系[82,143,144]。因此，本研究提出如下假设：

H1a：公共服务动机与员工工作满意度呈正相关。

(二)工作投入

工作投入(work engagement)是指一种乐观的心理状态，这种乐观使得员工在工作上呈现出活力、奉献和专注的特点[145]。大量研究表明员工的PSM与其工作投入之间呈现显著的正相关关系[102,146,147]，这是因为：公共部门的宗旨是为社会和公众提供服务，而高水平PSM的员工通常具有更强的服务角色定位和义务感，对工作有更高的热情。在此情况下，他们会感知到更多的工作意义与工作价值，更加注重为公众服务的机会，因而会更自觉投入到为公众付出的工作中[148,149]。此外，高PSM员工的爱心与自我奉献精神在其为公众服务的工作中不断被激活和强化，这会激励他们为服务工作投入更多精力[83]。基于此，本研究提出如下假设：

H1b：公共服务动机与员工工作投入呈正相关。

(三)情感承诺

情感承诺(affective commitment)作为组织承诺的重要组成部分，是指个体对自身所在组织的认同程度，是一种个体愿意为组织努力和留在组织中的情感和意愿[150]。近年来，PSM与员工情感承诺的关系也受到广泛关注。学者指出，高PSM的员工能够将自身所在组织的目标和价值内化为自己的使命，倾向于选择公共部门的工作以及为公众提供服务[143]。也就是说，高PSM水平的员工能够对组织产生更强烈的依恋感和忠诚度，展示出更高水平的情感承诺。员工PSM与情感承诺的正相关关系也得到了诸多中国情境下的实证研究支持[140,143,151]。因此，本研究提出如下假设：

H1c：公共服务动机与员工情感承诺呈正相关。

(四)个人与组织匹配

个人与组织匹配(person-organization fit)是指员工感知自身与组织相容的程度，其最核心的内涵是个人与组织价值观的匹配[152]。学者包元杰和李超平指出，个人与组织匹配是PSM一个非常重要的结果变量，这是因为，经过互相选择和组织内的社会化过程，公共组织雇员的价值观会客观地类同于组织的价值观，从而产生价值观的内化[22]，并且，公共部门能够为雇员提供公众服务的机会和资源，这与雇员自身的内在动机是一致的，因此，雇员会感知到自身价值观与所在组织的价值观的一致性。也就是说，员工 PSM 水平越高时，其个体会感知到与组织的匹配程度更高。过去大量实证研究支持了 PSM 和个人与组织匹配的正相关关系[8,31,49,153]。因此，本研究提出如下假设：

H1d：公共服务动机与个人与组织匹配呈正相关。

(五)组织认同

组织认同(organizational identification)是指“个体源于组织成员的自我认定，以及作为团体成员所拥有的情感和价值体验”[154]。过去大量学者研究指出 PSM 与组织认同有显著的正向关系[57,80]。根据社会认同理论，人们努力追求或保持一种积极的社会认同，以此来强调他们的自尊[155]。对于高 PSM 个体而言，他们更加依赖组织的身份来构建自我概念，更加认可自身在公共服务中的身份，并通过寻求在公共服务中的角色来努力维持这种身份[123]。在此情况下，个体会感知到其与组织的命运密不可分，于是在心理上对自身所在组织会产生一致感和归属感，最终对组织的认同感也会增加[111]。基于此，本研究提出如下假设：

H1e：公共服务动机与员工组织认同呈正相关。

(六)离职意愿

离职意愿(turnover intention)是指“员工在组织工作一段时间，综合考虑各种因素后仍要离职的心理倾向”，是员工离职行为的重要预测指标[156]。作为反映员工工作态度的重要变量，过去研究也广泛关注了 PSM 与离职意愿的关系。总体而言，学者指出，员工的 PSM 能有效降低其离职意愿[63,147]。具体理由如下：首先，公共事务时常较为繁琐，但高 PSM 的员工意味着员工具备更多的工作积极性和投入度，因此会减少因繁琐工作而带来的离职。其次，相比私营部门，公共部门能够为高 PSM 的员工提供更多从事自己向往工作的机会和条件，因此更容易与员工建立心理契约或巩固现存的心理契约[157]，从而对员工的离职意愿起到一定的抑制作用。陈鼎祥和刘帮成[158]、Bao 和 Zhong[57] 等学者的研究无一不支持上述观点，只有少部分学者发现员工的 PSM 与离职意愿呈现微弱的正相关关系[157]。因此，本研究提出如下假设：

H1f：公共服务动机与员工离职意愿呈负相关。

二、公共服务动机与员工绩效及工作行为的关系

Borman 和 Motowidlo 认为，工作绩效是指“个体能够控制的、对组织目标的实现有贡献的那些表现与行为，是可以评估的、多维度的、连续的与组织目标相关的行为结构体”[159]。此外，Borman 等学者将工作绩效划分为任务绩效和情境绩效两个维度，其中任务绩效是指“那些与工作任务直接相关的、对组织技术有利的直接活动”，而情境绩效则是“那些与工作任务间接相关的活动，是一系列自愿的、人际间的、面向组织或团体的角色外行为”。后来，学者们对情境绩效的结构和内涵进行了详细的探讨。如，有学者将情境绩效进一步细分为人际促进和工作奉献，人际促进是指员工表现出来的合作、帮助他人的行为，而工作奉献是指员工自身所表现出来的积极主动的自律行为。也有学者将情境绩效定义为一种关系绩效或组织公民行为（Organizational Citizenship Behavior，OCB）[160]。还有学者聚焦于某种具体指向的情境绩效，如社区公民行为（Community Citizenship Behaviour，CCB），社区公民行为是组织公民行为的一个重要组成部分，是指单位雇员在所工作的社会环境中做出贡献，特别是对所属社区尽力奉献，但这种行为却并不属于雇员的工作义务[90]。

需要特别指出的是，本研究仅选取了 PSM 与员工工作/任务绩效维度的关系的论文。在研究 PSM 与情境绩效时，则纳入了 PSM 与情境绩效、关系绩效、组织公民行为和社区公民行为的文献。

(一) 工作绩效

虽然少量研究发现 PSM 与工作绩效呈现负相关关系[161]，但是总体而言，绝大部分中国情境下的实证研究支持了 Perry 和 Wise 的观点，即雇员的 PSM 与其工作绩效正相关。这是因为，如上所述，高 PSM 水平的员工与公共组织之间具有更高的匹配度，因而，公共组织能更好地满足这部分员工的需要，为他们提供参与公共服务的机会，并提供相应的资源，进而展示出更高的绩效水平[41,162,163]，也就是说，高 PSM 的员工会将组织命运与自身命运融合在一起，因而他们会更加努力地工作，提高工作绩效。因此，本研究提出如下假设：

H2a：公共服务动机与员工工作绩效呈正相关。

(二) 情境绩效

情境绩效的本质就是一种自发的角色外行为，这与 PSM 的内涵具有高度的匹配性。一般而言，员工的 PSM 水平越高，代表员工对自身工作的职责范围定义会更为广泛，具有更强的同理心和奉献精神，相应地，就更有可能会增加角色外行为[123,164]。包元杰和李超平[22]、邱茜[123]等学者指出，根据社会认同理论，PSM 有助于增加员工的组织认同，而这种认同可能会通过实施组织公民行为来具体体现，因为组织公民行为可以提高组织的绩效，并最终提高他们在组织中的自我价值[90,111,165,166]。过去，大量中国情境下的实证研究也支持了 PSM 与情境绩效之间的正相关关系。因而，本研究提出以下结论：

H2b：公共服务动机与员工情境绩效呈正相关。

(三) 任务绩效

任务绩效作为员工的角色内行为，是员工和组织结果的最直接体现，因而受到了 PSM 研究者的广泛关注。总体而言，过去中国情境下实证研究大多表明 PSM 与员工的任务绩效具有较高程度的正相关性[166-168]。主要理由至少包括以下三点：第一，PSM 高的员工对公共参与、公共利益、同情心以及自我牺牲有更高的内在认同感，这种内在认同感会提升其对工作的认知，进而将其转化为工作行为，如表现为个人绩效水平的提高；第二，高 PSM 的个体会将为公共利益服务作为自我实现的一种方式，并将角色内工作延伸为工作/职业使命感，即员工会将提升任务绩效作为自我价值实现的重要工具[141]；第三，公共组织能够较好地为员工提供服务公众的条件和资源，在此情况下，PSM 高的员工也会将这些视为组织对自己的认可和尊重，进而愿意更好地完成本职工作以作为回报。鉴于上述分析，本研究提出以下假设：

H2c：公共服务动机与员工任务绩效呈正相关。

(四) 建言行为

建言行为(voice behavior)是一种创新性的角色外行为，具体是指员工为了提高组织的整体运行效率以及完成组织目标，员工所提出的新想法和观点(促进性建言)或员工对一些可能对组织有害的管理实践、事件以及员工行为表达看法(抑制性建言)[169]。学者康慧慧和吴红梅[170]指出，员工的建言行为可能会带来多种风险，如自身声誉受损或接受负面评价等，因此员工在建言时会进行风险权衡。然而，对于高 PSM 的员工而言，他们更渴望参与公共政策的制定，更加具有同理心和自我牺牲精神，因而，更愿意承担建言行为所带来的潜在风险，从而更积极地建言献策[36,171]。过去研究也支持了上述观点，如刘帮成等[35]、张书维等[172]用来自中国样本的数据证实了 PSM 与员工建言行为之间的正相关关系。基于此，本研究提出如下假设：

H2d：公共服务动机与员工建言行为呈正相关。

(五) 变革型组织公民行为

为了进一步提高组织效率，近年来，一种新型的员工行为逐渐受到学者的关注，即变革型组织公民行为(transformational organizational citizenship behavior)[173]。传统的组织公民行为强调的是员工之间的互相帮助和利他行为，而变革型组织公民行为强调的是员工主动挑战现有的工作。现有的中国情境下的研究均表明 PSM 与员工变革型组织公民行为正相关[34,88]，主要理由如下：高 PSM 的员工更多将自身的角色定位在为公共利益服务，因而具有更高水平的责任感和创新意识，对变革行为有更强烈的价值认同，并认为变革行为符合职业价值观，也更愿意为了提升组织的整体效率和绩效而推进或挑战现有的工作状态，展示出更多的变革型组织公民行为[43,174]。基于上述分析，我们提出以下假设：

H2f：公共服务动机与员工变革型组织公民行为呈正相关。

三、公共服务动机与员工心理健康的关系

(一) 员工阻碍性压力和挑战性压力

工作压力是反映员工心理健康的重要指标之一。为了更加清晰地了解不同类型的压力对员工的影响，学者将工作压力划分为阻碍性压力和挑战性压力两个维度。阻碍性压力(hindrance stress)是指那些与工作相关但往往会限制或干扰个人的工作成就的压力，如角色冲突、组织政治和繁文缛节等，而挑战性压力(challenge stress)是指那些与工作相关同时也能创造机会来成就员工的压力，如工作量、工作范围和职责等[175]。

目前，关于 PSM 与工作压力关系的研究，学者更多将工作压力作为 PSM 的前因[162,176,177]。但这些研究均为横截面数据，我们无法推断其因果关系，根据压力认知交互作用理论，个体的个性或动机特征会显著影响其对工作压力的感知[178]。而 PSM 作为一种典型的个体或动机特征，我们可以推断其对不同类型的工作压力存在潜在的作用。具体而言，本研究认为 PSM 对两种工作压力都存在潜在的抑制作用，这是因为，高 PSM 的个体对自身工作范围会定义得更为广泛，他们重视自己的工作职责并倾向于将职责扩大[123]。此时，面对更多职责和工作任务时，高 PSM 的个体会认为这是“分内之事”，会降低挑战性压力的感知[69,179]。同时，根据工作性质的

不同，员工的PSM水平可能会影响其对工作要求的理解[180]，高PSM的员工更擅长利用各种工作资源，而这类工作资源能够减轻工作要求及其带来的工作压力[181]，因此阻碍性压力也将会被削弱，员工对于工作中出现的挫折和压力的感知度相对较低。员工的PSM与阻碍性压力、挑战性压力的负相关关系得到了学者们的支持[57,162,177]。鉴于上述分析，本研究提出以下假设：

H3a：公共服务动机与员工阻碍性压力呈负相关。

H3b：公共服务动机与员工挑战性压力呈负相关。

(二)员工表层扮演和深层扮演

Hochschild和Russell最初提出情绪劳动这一概念，其是指“员工通过管理自己的情感建立公众可见的表情或身体方面的展示，以此来获取报酬的一种劳动方式”[182]。一般可将情绪劳动分为表层扮演(surface acting)和深层扮演(deep acting)，表层扮演是指员工在个人真实情绪并没有改变的状态下调节自身的情绪表达方式，而深层扮演是指员工用联想或换位思考的方法来调节自身情绪。公共部门员工在服务社会和公众时也时常伴随情绪上的体验，所以有研究探讨了PSM与员工表层扮演和深层扮演的关系[183]。

对于高PSM的员工而言，其往往具有较高水平的同理心，因此会对他人的需求更加注意、感觉和回应，更能设身处地为他人着想，也就是说这些员工是“发自肺腑”地站在公众角度进行自身情绪的调整，而较少靠“表演”的方式完成职业角色的需要。此外，高PSM的员工更加认可其工作本身的价值[184]，这种认同感有利于调节他们自身的心理资源，如果出现情绪失调，这类个体也更可能调整自己的内心感受并进行深层扮演，而不是进行情绪伪装[185]。所以，研究表明PSM会削弱员工表层扮演，增加深层扮演[79,134,140]。鉴于上述分析，本研究提出以下假设：

H3c：公共服务动机与员工的表层扮演呈负相关。

H3d：公共服务动机与员工的深层扮演呈正相关。

四、研究特征的调节作用

（一）发表语言

近年来，随着 PSM 研究的不断兴起，发表于国内的 PSM 研究结果的论文和利用中国样本数据发表于外文期刊的论文都逐年递增。但鉴于国内外文化背景和期刊评审要求的差异，采用英文发表的论文的结果可能与用中文发表的论文的结果存在差异，因此本研究推断发表语言可能是存在于 PSM 与员工结果关系间的一个重要的调节变量，故而提出如下假设：

H4：发表语言在 PSM 和员工结果关系间起调节作用。

（二）PSM 测量工具

目前，PSM 存在多种测量量表，由于不同学者开发 PSM 量表时，对 PSM 的定义以及使用的理论基础有所不同，因此，量表的结构、题项数量、内容、信度和效度等存在潜在的差异，继而可能对 PSM 与员工结果变量的关系产生影响。此外，Kim 等[15]学者试图开发一个全球普适性的 PSM 测量量表，但这一想法并没有实现，由此也表明 PSM 的测量和研究具有高度的文化背景性。鉴于此，本研究试图对中西方文化背景下 PSM 测量工具是否在 PSM 和结果关系间存在差异展开研究。第一组量表是在非中国情境下开发的量表，如西方学者 Perry[55]在 1996 年首创的量表，共计 24 个题项，包括对公共政策制定的吸引力、公共利益承诺、同情心和自我牺牲四个维度，这一量表在目前使用最为广泛。第二组是在中国情境下开发的量表，如我国学者刘帮成及其团队[56]、包元杰和李超平[22]开发的量表，这类量表基于中国情境下开发且具有良好的信效度。第三组是混合使用的量表，即同时使用中西方情境下开发的量表，或是未明确说明来源的量表。本研究主要考虑基于上述三种量表对 PSM 和各变量的关系是否存在差异性，特提出以下假设：

H5：PSM 测量工具在 PSM 和员工结果关系间起调节作用。

（三）样本人口统计特征

由于实际调研过程中，很难保证抽样的随机性，因此样本的人口统计特征，如男性性别、平均年龄、平均工龄和职务层级比例可能存在一定的差异。而研究表明，这些差异可能会导致 PSM 与结果变量关系存在不一致性，个体的差异会影响行为主体的行为选择，如杨靖云和张廷君认为公共服务动机对公职人员绩效的影响会受到性别、年龄等人口统计变量的影响[186]。Jensen 和 Vestergaard[187]发现任期在公共服务动机与公共服务行为之间具有调节作用。随着员工年龄和工龄的不断增加，若其在组织中没有达到预期，就很容易产生挫败感，进而 PSM 与其工作态度和绩效的关系可能被弱化。总之，本研究认为样本人口统计特征可能是解释 PSM 与结果变量关系不一致或强化差异的重要原因，因此，提出如下假设：

H6：样本人口统计特征，如性别比例（6a）、平均年龄（6b）、平均工龄（6c）和科员及以下比例（6d）在 PSM 与员工结果关系间起调节作用。

第三节　研究方法

一、元分析方法

为验证上述假设，本研究采用了元分析方法，元分析在心理学等领域应用较广泛，随后也逐步在管理学领域得到应用。Aguinis 等对 1982—2009 年的 196 篇元分析研究进行了汇总分析，指出其中超过 80%是采用 Hunter 和 Schmidt[51]提供的方法进行计算的[188]。因此，本研究也使用 Hunter 和 Schmidt 的方法来计算效应值。

二、文献检索

为了对中国情境下公共服务动机与其结果变量的关系进行系统的评价，本研究对已发表的纸质或电子版期刊文献进行了系统的检索。中文利用 CNKI 总库，以“公共服务动机”为关键词在摘要中检索。外文检索以 EBSCO、ABI/INFORM、Elsevier Science Direct、Oxford Journals、SAGE、Taylor & Francis、Web of Science、ProQuest Dissertations & Theses、Google Scholar 等外文数据库为检索来源，本研究同时考虑两类关键词。第一类是中国情境，因此，在摘要中输入“China/Chinese”“Hong Kong”“Taiwan”和“Macau”作为限制，第二类为公共服务动机，采用了“PSM”“public service motivation”，同时参考公共服务动机类似的概念，加入“civil service motivation”和“public sector motivation”在以上外文数据库中进行了文献检索。此外，为了避免遗漏，本研究还参考了一些已发表的 PSM 定性综述性论文的参考文献[45,58,189,190]。中文与英文检索均未设置开始时间，中文检索的截止时间是 2020 年 6 月 30 日，外文检索截止时间是 2019 年 12 月 31 日。

三、文献筛选与编码

本研究元分析筛选文献的标准如下：(1)要求文献必须是在全文中提供了公共服务动机与本文所选取结果变量之间的相关系数(或其他可转换为相关系数的效应值，如 T 值、回归系数、F 值等)的实证文献；(2)如果不同文献中的样本重合，那么按照原则将其视作同一个研究；(3)由于所研究的是中国情境下的公共服务动机与结果变量的关系，因此仅选取中国样本的论文。

最终得到 109 篇纳入元分析的实证文献，其中中文文献 82 篇，英文文献 27 篇；期刊论文 67 篇，学位论文 41 篇，会议论文 1 篇，共计 103 个独立研究。然后，借鉴 Hunter 和 Schmidt 的做法在 Excel 软件中对筛选文献进行编码记录，编码的数据包括研究特征与效应值两个方面。研究特征包括作者名、文献标题、发表年份、文献来源等外部特征及研究对象、变量测量工具等内部特征，效应值包括样本量、自变量与因变量的信度、相关系数、T 值、F 值、回归系数等统计数据。对于一些没有明确报告整体效应值的研究，本研究作如下处理：(1)若同一样本中相关系数来自结果变量的不同维度，则取简单算术平均数作为最终效应值；(2)若研究只报告了 PSM 分维度与结果变量的效应值，则取简单算术平均数计入；(3)相同文献中的不同样本报告的效应值作为独立效应值。

在调节变量的编码过程中，本研究依据论文的特征来识别发表语言和测量工具，根据论文的样本描述识别样本性别比例、平均年龄、平均工龄和科员及以下比例。发表语言包含中文和英文，PSM 测量工具分为非中国情境下开发的量表、中国情境下开发的量表以及混合及其他量表，其中非中国情境下开发的量表主要包括 Perry、Wright 和 Pandey、Vandenabeel 以及 Kim 等学者在非中国情境下开发的量表，中国情境下开发的量表主要包括刘帮成、包元杰和李超平以及朱光楠等学者在中国情境下开发的量表，如果论文混合使用中国与非中国情境量表，或是没有明确报告使用何种量表的，则被编码为混合及其他量表。样本性别比例按照论文中报告的性别比例来识别或转换，若论文中明确报告了样本的平均年龄和平均工龄，则按照原始数值来编码，若未明确报告样本平均年龄和平均工龄(如较多论文对样本的年龄进行分段处理，仅报告各分段区间的频次或频率，或是分段均值)，则编码为无。科员及以下比例按照样本对象为办事员与科员的比例总和来编码。

为确保编码的严谨性、准确性以及避免主观判断问题，本研究的编码过程由两名具有元分析基础的研究者独立展开，首先，两名编码者讨论制定了统一的编码标准并进行了第一轮编码，首轮编码完成后，两位研究者两两相互检查编码结果，针对不一致的编码进行核对与修正，二次编码完成后，针对剩余存在分歧的编码，两位研究者通过回归原文来进行集中核对与讨论，最终达成一致意见。本研究共获得有效样本 103 个。

第四节　数据分析与假设检验

一、发表性偏差分析

如果已经选取的文献无法充分代表该领域所有已经完成的研究，那么就出现了发表性偏差[191]。本研究通过失效安全系数和 Egger 回归系数检验是否存在发表偏差，详细结果如表4-1所示。

表4-1 **发表性偏误分析结果**

变量	独立研究个数	Z值	失效安全系数 α=0.05	Egger线性回归p值
工作满意度	37	52.518	6530	0.800
工作投入	18	37.779	6670	0.592
情感承诺	8	28.786	1718	0.917
个人与组织匹配	7	18.880	643	0.552
组织认同	6	20.225	633	0.782
离职意愿	6	-6.000	51	0.444
工作绩效	19	35.384	6174	0.450
情境绩效	28	58.344	4784	0.094
任务绩效	16	41.089	7016	0.47518
建言行为	5	24.521	778	0.44694
变革型组织公民行为	3	29.634	683	0.936
阻碍性压力	3	-10.148	78	0.550
挑战性压力	3	-2.236	1	0.803
表层扮演	3	-6.690	32	0.812
深层扮演	3	15.230	179	0.993

Rothstein等认为，失效安全系数若大于其临界值(5K+10，其中K为每个变量独立研究的个数)，则出现发表性偏差的概率较低[191]。由表4-1可知，除挑战性压力外，其他变量(工作满意度、工作投入、情感承诺、个人与组织匹配、组织认同、离职意愿、工作绩效、情境绩效、任务绩效、建言行为、变革型组织公民行为、阻碍性压力、表层扮演和深层扮演)的失效安全系数均大于其临界值，这说明上述变量研究结果稳健性较好，不存在发表性偏差。此外，由于挑战性压力的样本量较小，本研究利

用 Egger 回归系数检验发现，其线性回归的 p 值为 0.803，大于临界值 0.05，达到了可接受水平，说明在挑战性压力的研究中存在发表性偏差的可能性较小。

二、主效应检验

采用皮尔逊相关系数 r 作为主效应的衡量值，用于衡量公共服务动机与各类结果变量之间的关系。本研究采用了 Hunter 和 Schmidt 开发的元分析程序，按照 Hunter 和 Schmidt 的观点，各研究之间存在差异的可能原因在于抽样误差、测量误差等人为误差，因此本研究剔除了这类人为误差，研究了独立样本数(K)、样本总量(N)、样本加权的平均效应值(r)、公共服务动机与结果变量之间的真实效应值(ρ)、标准误(SD_ρ)，以及 95%的置信区间(confidence interval，$CI_{95\%}$)、80%的可信区间(credibility interval，$CV_{80\%}$)和“75%法则”，用来分析是否存在调节变量。主效应的元分析结果如表 4-2 所示。

表 4-2　　**主效应的元分析结果**

变量	K	N	r	ρ	SD_ρ	$CI_{95\%}$	$CV_{80\%}$	%Var
工作态度								
工作满意度	37	16818	0.386	0.428	0.186	[0.3080, 0.4646]	[0.1899, 0.6652]	5.424%
工作投入	18	7108	0.409	0.449	0.199	[0.3271, 0.4916]	[0.1939, 0.7031]	5.106%
情感承诺	8	3180	0.455	0.520	0.213	[0.3775, 0.5335]	[0.2470, 0.7922]	4.215%
个人与组织匹配	7	3605	0.322	0.376	0.055	[0.2447, 0.3997]	[0.3061, 0.4456]	41.836%
组织认同	6	2217	0.392	0.468	0.200	[0.3057, 0.4785]	[0.2127, 0.7233]	6.262%

续表

变量	K	N	r	ρ	SD_{ρ}	$CI_{95\%}$	$CV_{80\%}$	%Var
离职意愿	6	1689	-0.136	-0.162	0.140	[-0.2511, -0.0214]	[-0.3414, 0.0171]	18.535%
绩效与工作行为								
工作绩效	19	9156	0.376	0.413	0.226	[0.2992, 0.4528]	[0.1240, 0.7024]	3.580%
情境绩效	28	10538	0.526	0.593	0.158	[0.4525, 0.5990]	[0.3910, 0.7957]	6.656%
任务绩效	16	6141	0.492	0.560	0.161	[0.4157, 0.5677]	[0.3548, 0.7660]	7.015%
建言行为	5	1713	0.532	0.588	0.116	[0.4558, 0.6079]	[0.4392, 0.7357]	12.014%
变革型组织公民行为	3	1280	0.672	0.742	0.093	[0.6197, 0.7239]	[0.6226, 0.8617]	8.905%
心理健康								
阻碍性压力	3	3385	-0.186	-0.226	0.023	[-0.2419, -0.1292]	[-0.2557, -0.1971]	69.979%
挑战性压力	3	3385	-0.042	0.000	-0.049	[-0.1005, 0.0160]	[-0.0486, -0.0486]	104.431%
表层扮演	3	1268	-0.182	-0.196	0.103	[-0.2743, -0.0898]	[-0.3277, -0.0644]	19.230%
深层扮演	3	1268	0.406	0.428	0.000	[0.3258, 0.4853]	[0.4277, 0.4277]	135.441%

注：K=独立研究的数量；N=总样本量；r=样本加权平均相关系数；ρ=真实相关系数的均值；SD_{ρ}=真实相关系数的标准差；$CI_{95\%}$=95%置信区间；$CV_{80\%}$=80%可信区间；%Var=抽样方差解释真实方差的百分比。

表4-2显示，在工作态度方面，员工的公共服务动机与工作满意度（ρ=0.428）、工作投入（ρ=0.449）、情感承诺（ρ=0.520）、个人与组织匹配（ρ=0.376）、组织认同（ρ=0.468）显著正相关，与员工的离职意愿（ρ=−0.162）表现为中等程度的负相关，且所有变量的95%置信区间不包括0，则假设1均得到验证；在绩效与工作行为方面，员工的公共服务动机与工作绩效（ρ=0.413）、情境绩效（ρ=0.593）、任务绩效（ρ=0.560）、建言行为（ρ=0.588）、变革型组织公民行为（ρ=0.742）显著正相关，且所有变量的95%置信区间不包括0，假设2得到全部支持；在员工的心理健康方面，公共服务动机与阻碍性压力（ρ=−0.226）和表层扮演（ρ=−0.196）表现为中等程度的负相关，与深层扮演（ρ=0.428）表现出积极正相关，且95%的置信区间不包括0，所以假设3a、3c和3d得到验证。此外，公共服务动机与挑战性压力（ρ=0.000）几乎不相关，并且公共服务动机与挑战性压力关系的95%置信区间包括0，所以假设3b未得到支持。

三、调节效应分析

由于在公共服务动机与各结果变量的关系中，抽样方差解释真实方差的百分比（%Var）的值（除了挑战性压力与深层扮演外）均低于75%，表明存在潜在的调节变量，且适合用随机模型检验。

假设4认为发表语言是PSM与结果变量之间的调节因素。通过分组同质性检验得知（表4-3），PSM与员工工作投入在使用中文发表时的相关系数（ρ=0.476）显著高于使用英文发表时的系数（ρ=0.331），$Q_{组间}=3.141$，p=0.076，在p为0.05水平下显著。PSM与员工工作绩效在使用中文发表时的相关系数（ρ=0.540）显著高于使用英文发表时的系数（ρ=0.289），$Q_{组间}=5.580$，p=0.018，在p小于0.05水平下显著。由此可知，发表语言在PSM与工作投入和工作绩效关系间起到了调节作用。因此，假设4获得了部分支持。

表 4-3 调节效应的元分析结果

结果变量	调节变量	分组	同质性分析 Q组间	同质性分析 df	同质性分析 p值	K	N	r	ρ	SD_{ρ}	$CI_{95\%}$	$CV_{80\%}$	%Var
工作满意度	发表语言	中文	0.120	1	0.729	24	11409	0.391	0.467	0.173	[0.3144, 0.4669]	[0.2122, 0.6562]	5.823%
		外文				13	5409	0.377	0.413	0.209	[0.2945, 0.4597]	[0.1457, 0.6808]	4.868%
	测量工具	非中国情境	2.154	2	0.341	21	10168	0.374	0.411	0.211	[0.2985, 0.4487]	[0.1416, 0.6812]	3.895%
		中国情境				9	3880	0.435	0.482	0.083	[0.3579, 0.5113]	[0.3757, 0.5881]	21.518%
		混合及其他				5	1810	0.404	0.446	0.172	[0.3181, 0.4907]	[0.2254, 0.6655]	7.659%
工作投入	发表语言	中文	3.141	1	0.076	15	5728	0.436	0.476	0.197	[0.3547, 0.5175]	[0.2244, 0.7281]	5.091%
		外文				3	1380	0.298	0.331	0.162	[0.2149, 0.3816]	[0.1237, 0.5390]	7.779%
	测量工具	非中国情境	6.236	2	0.044	10	3925	0.300	0.323	0.157	[0.2102, 0.3906]	[0.1227, 0.5234]	9.584%
		中国情境				5	2120	0.542	0.585	0.134	[0.4747, 0.6094]	[0.4140, 0.7561]	7.011%
		混合及其他				3	1063	0.547	0.628	0.109	[0.4738, 0.6200]	[0.4882, 0.7675]	13.111%
情感承诺	发表语言	中文	0.797	1	0.372	5	1477	0.469	0.535	0.231	[0.3797, 0.5580]	[0.2393, 0.8313]	4.578%
		外文				3	1703	0.444	0.506	0.194	[0.3778, 0.5101]	[0.2570, 0.7543]	3.707%
	测量工具	非中国情境	1.117	1	0.291	4	1409	0.556	0.613	0.191	[0.4833, 0.6280]	[0.3686, 0.8571]	4.378%
		中国情境				4	1771	0.376	0.442	0.199	[0.2957, 0.4559]	[0.1868, 0.6963]	5.153%

续表

结果变量	调节变量	分组	同质性分析 Q组间	df	p值	K	N	r	ρ	$SD_ρ$	$CI_{95\%}$	$CV_{80\%}$	%Var
个人与组织匹配	发表语言	中文	0.366	1	0.545	5	1679	0.307	0.363	0.087	[0.2096，0.4038]	[0.2525，0.4740]	31.756%
		外文				2	1926	0.336	0.386	0.000	[0.2796，0.3917]	[0.3861，0.3861]	936.828%
	测量工具	非中国情境	0.050	1	0.822	5	2791	0.322	0.371	0.060	[0.2479，0.3967]	[0.2943，0.4476]	34.728%
		中国情境				2	814	0.322	0.395	0.006	[0.2345，0.4090]	[0.3871，0.4035]	98.670%
离职意愿	测量工具	非中国情境	0.0004	1	0.949	2	598	−0.125	−0.155	0.096	[−0.2363，−0.0127]	[−0.2780，−0.0326]	33.516%
		中国情境				4	1091	−0.143	−0.165	0.1567	[−0.2592，−0.0262]	[−0.3659，0.0352]	15.132%
组织认同	发表语言	中文	0.003	1	0.957	3	1296	0.406	0.483	0.232	[0.3267，0.4845]	[0.1858，0.7803]	3.877%
		外文				3	921	0.373	0.446	0.135	[0.2767，4696]	[0.2735，0.6183]	15.782%
工作绩效	发表语言	中文	5.580	1	0.018	13	4602	0.481	0.540	0.164	[0.4003，0.5609]	[0.3308，0.7501]	7.279%
		外文				6	4554	0.270	0.289	0.209	[0.2042，0.3363]	[0.0212，0.5566]	3.053%
	测量工具	非中国情境	0.378	1	0.054	15	8047	0.385	0.422	0.226	[0.3131，0.4575]	[0.1325，0.7121]	3.157%
		中国情境				4	1109	0.308	0.346	0.210	[0.2015，0.4150]	[0.0774，0.6148]	7.743%

续表

结果变量	调节变量	分组	同质性分析			K	N	r	ρ	SD_{ρ}	$CI_{95\%}$	$CV_{80\%}$	%Var
			Q 组间	df	p 值								
情境绩效	发表语言	中文	2.192	1	0.139	25	9447	0.518	0.584	0.157	[0.4438, 0.5917]	[0.3822, 0.7849]	6.809%
		外文				3	1091	0.595	0.683	0.136	[0.5283, 0.6613]	[0.5086 .8566]	7.669%
	测量工具	非中国情境	36.843	2	0.000	18	7433	0.488	0.547	0.131	[0.4140, 0.5613]	[0.3791, 0.7141]	9.456%
		中国情境				7	2419	0.690	0.774	0.061	[0.6346, 0.7453]	[0.6965, 0.8520]	21.359%
		混合及其他				3	686	0.360	0.434	0.156	[0.2466, 0.4728]	[0.2349, 0.6334]	16.941%
任务绩效	测量工具	非中国情境	1.243	1	0.265	13	5373	0.466	0.530	0.142	[0.3903, 0.5415]	[0.3480, 0.7116]	8.707%
		中国情境				2	573	0.656	0.741	0.098	[0.5898, 0.7220]	[0.6153, 0.8662]	12.677%

注：同表 4-1。此外，由于部分变量分组后样本量较小，不满足元分析条件，因此在上表中未列出。

表 4-4　**人口统计特征与公共服务动机各结果的调节效应随机模型检验**

变量	性别比例			平均年龄			平均工龄			科员及以下比例		
	K	B	SE	k	B	SE	k	B	SE	k	B	SE
工作满意度	35	-0. 272	0. 270	9	-0. 021	0. 070	9	0. 070	0. 078	11	0. 240	0. 265
工作投入	16	0. 267	0. 345	—	—	—	—	—	—	7	0. 248	0. 201
情感承诺	8	0. 130	1. 070	—	—	—	—	—	—	6	0. 066	0. 734
个人与组织匹配	6	0. 342	0. 362	—	—	—	4	0. 012	0. 022	—	—	—
组织认同	6	-0. 612	1. 773	—	—	—	—	—	—	—	—	—
离职意愿	6	0. 323	0. 573	—	—	—	—	—	—	—	—	—
工作绩效	16	0. 100	0. 473	6	-0. 148^{+}	0. 047	6	0. 026	0. 050	6	0. 284	0. 622
情境绩效	25	0. 563*	0. 226	9	-0. 082	0. 067	8	-0. 128	0. 072	11	0. 280	0. 269
任务绩效	15	0. 526	0. 388	5	-0. 039	0. 107	4	-0. 151	0. 123	9	0. 474	0. 379
建言行为	4	0. 141	1. 333	—	—	—	—	—	—	—	—	—

注：+表示 $p<0.1$；* 表示 $p<0.05$；** 表示 $p<0.01$；*** 表示 $p<0.001$；

K = 回归分析中独立研究的数量；B = 每个调节变量的回归系数；SE = 标准误；

性别为样本中男性比例人数；

由于部分变量（如阻碍性压力、挑战性压力、表层扮演和深层扮演）的样本量达不到元分析回归要求，因而相关结果未显示。

假设5认为PSM测量工具调节PSM与结果变量之间的关系。由表4-3可知，PSM与员工工作投入在采用中国情境PSM量表的相关系数（$\rho=0.585$）和采用混合及其他PSM量表的相关系数（$\rho=0.628$）显著高于其在采用非中国情境PSM量表时的相关系数（$\rho=0.323$），$Q_{组间}=6.236$，$p=0.044$，在p小于0.05水平下显著。此外，PSM与员工情境绩效在采用中国情境PSM量表时的相关系数（$\rho=0.774$）显著高于其在采用非中国情境PSM量表的相关系数（$\rho=0.547$）和采用混合及其他PSM量表的相关系数（$\rho=0.434$），$Q_{组间}=36.843$，$p=0.000$，在p小于0.05水平下显著。由此可知，PSM测量工具在PSM与工作投入和情境绩效关系间起到了调节作用。因此，假设5得到部分支持。

假设6考虑样本人口统计特征在PSM和各结果之间的调节作用，具体而言，本研究将性别比例、平均年龄、平均工龄和科员及以下比例这四类特征视为连续调节变量，并进行了随机模型检验，结果如表4-4所示。样本性别比例正向调节PSM与情境绩效的关系（$B=0.563$，$p<0.05$），即样本中的男性比例越高，PSM对情境绩效的作用越强。此外，样本平均年龄在PSM与工作绩效的关系中的调节作用得到微弱的支持（$B=-0.148$，$p<0.1$），即样本平均年龄越大，PSM对工作绩效的影响反而被弱化。其他调节变量的结果并不显著，由此可知，假设6仅得到部分验证。

第五节 结论与讨论

一、研究结论

本研究从员工工作态度、绩效与工作行为以及心理健康三个方面，利用元分析探讨了PSM与相关结果变量之间的关系。结果表明，在工作态度方面，PSM与员工工作满意度、情感承诺、组织认同、个人与组织匹配和工作投入均呈现中度或高度的正相关，与员工离职意愿负相关；在绩效与工作行为方面，PSM与员工工作绩效、情境绩效、任务绩效、建言行为和变革型组织公民行为有较高程度的正相关，相关系数接近或大于0.5；在心理健康方面，PSM与员工的阻碍性压力和表层扮演负相关，与深层扮演正相关，与挑战性压力关系不显著。此外，本研究还检验了发表语言、PSM测量工具和样本人口统计特征在PSM及其结果之间的调节作用。研究结果发现，不同语言类型(中文/英文)、不同PSM测量量表(中国情境/非中国情境/混合及其他)以及样本人口统计特征中的男性比例和平均年龄对PSM和部分结果变量存在调节作用。

二、理论贡献

近年来，关于PSM与其结果变量的元分析也开始受到学者的关注，如Homberg和McCarthy[115]、Harari等[52]，张平和刘伟民[121]也探讨了PSM与一些员工结果变量的关系。本研究响应了以上学者的号召，用元分析的方法对PSM结果变量进行研究，同时，在上述研究的基础上，本研究还具有以下创新：

第一，本研究系统提出了PSM与结果变量的元分析框架，即从员工工作态度、绩效与工作行为和心理健康三个方面，综合考虑了PSM对工作满意度等15个相关结果变量的影响。过去的元分析文献仅重点关注了工作满意度[52,115]、工作绩效[52,121]和组织承诺[52]等少数结果变量。而其他工作态度，如个人与组织匹配和组织认同等，其他工作行为，如建言行为和变革型组织公民行为等，还有员工的心理健康变量，如阻碍性压力和挑战性压力、表层扮演和深层扮演等均被大量忽视。所以，本书为PSM结果研究提供了一个更加全面和系统的分析框架，有助于学者们更加深入地了解研究现状，为未来的理论研究提供更多的启示。

第二，本研究聚焦于中国情境，所有纳入元分析的文献均使用来自我国的样本，这样有利于学者们了解我国当前PSM研究的现状以及与国外研究结论的差异，有助于未来开展PSM的跨文化比较。通过与以往元分析(非仅聚焦于中国情境)结果对比发现，本研究中PSM与工作满意度($\rho=0.428$)、情境绩效($\rho=0.593$)和工作绩效($\rho=0.413$)的效应值均大于现有元分析文献的研究结果。如在 Homberg 和 McCarthy[115] 的研究中，得到的 PSM 与工作满意度的效应值为 0.342，Harari 等[52] 在研究中发现，PSM 与工作满意度、组织公民行为的效应值分别为 0.23 和 0.51，张平和刘伟民[121] 研究指出，PSM 与工作绩效的效应值为 0.336。上述研究结论进一步证实了 Kim 等学者的观点，PSM 研究需要考虑文化的差异性，这也从侧面证实了本研究的必要性。

第三，本研究从发表语言、PSM 测量工具和样本人口统计特征三个角度，检验了 PSM 与结果变量之间潜在的调节变量。结果也表明，上述变量在 PSM 和部分结果变量(如工作绩效和情境绩效等)中起到了调节作用。这在一定程度上解释了在我国情境下 PSM 与结果变量关系强度存在差异的原因，进一步拓展了 PSM 研究的边界条件。

三、管理实践启示

鉴于 PSM 对员工工作态度、绩效与工作行为和心理健康的显著作用，本研究也为如何做好(公共)部门员工管理提供了一定的启示。首先，本研究再次强调了员工 PSM 的重要性。因此，在员工甄选和晋升时，可以将 PSM 视为一个重要的考核指标。特别是公共部门，应尽可能选拔出 PSM 高的候选人。其次，当员工入职后，组织管理者应采取相应的措施进一步提高员工的 PSM 水平，如鼓励员工参与公共政策的制定，倾听员工对公共政策的意见和建议，以增强其对公共政策的关注度；在培训员工的过程中，大力倡导维护公共利益，激发员工为公共利益服务的热情，以先进的事例激励员工发挥爱岗敬业和自我牺牲的精神。最后，值得注意的是，本研究结论发现 PSM 对员工的心理健康，如深层扮演有一定正向影响。这说明员工的 PSM 可能对员工心理健康问题带来负面作用，因此，组织在提高员工 PSM 水平的同时，也应关注员工的心理健康问题，以减少对员工心理健康的伤害。

四、研究不足与未来展望

本研究也存在以下不足，有待未来研究加以改进和完善：

第一，由于元分析文献大多使用横截面数据，因此难以推断变量之间的因果关系，如我们难以判定是员工的 PSM 提高了工作满意度，还是工作满意度反过来增加了员工的 PSM。因此，未来需要更多的纵向研究来确定 PSM 与相关变量之间的因果关系。

第二，以往研究表明，抽样方差解释真实方差的百分比低于 75%则证明可能存在调节变量。Schmidt 和 Hunter[114] 检验了发表语言、量表类型和人口统计特征的调节作用，但大多数调节效应并未得到验证，这说明还存在其他非常重要的调节变量，如样本地区来源等值得进一步考虑。但鉴于本研究元分析样本中的相关信息较为匮乏，样本量不足以进行元分析，所以，未来研究应尽可能地收集更多相关信息，才有助于挖掘到更多潜在的调节变量。

第三，本研究仅考虑了 PSM 的总体维度对结果变量的影响，对于仅汇报了分维度效应量的研究，本研究采取的是简单平均的方式进行处理。虽然以往研究也有采取类似的做法[115]，但是学者指出，PSM 各个分维度对结果变量的关系可能存在差异。所以，为了进一步深入和准确地了解 PSM 各维度之间的差异，未来研究可以考虑检验 PSM 各个分维度对员工结果变量的异质性。

第五章　公共服务动机 or 铁饭碗？大学生公共部门就业倾向影响因素研究

第一节　引　　言

一、研究背景

十九大报告指出就业是最大的民生。大学生就业问题不仅关系国家未来发展，也是维持社会稳定和经济可持续发展的关键。近年来，高校毕业人数不断攀升，教育部发布的《全国教育事业发展统计公报》显示，2022 届高校毕业生规模预计达到 1076 万，首次超千万，且这一数据在未来几年会持续攀升，就业压力空前。然而，在疫情背景下，企业经营压力重重，大学生就业倾向也可能发生一些转变。如笔者对比了华中科技大学 2018—2020 年三年的大学生就业质量报告后发现，2020 年该校毕业生(本科生+研究生)中在公共部门协议就业比率较上年同比增长 88%，公共部门的就业人数大幅增长说明了疫情的冲击使大学生的就业倾向发生了变化。

是什么原因增加了大学生公共部门就业倾向？基于以往的研究成果，本书认为可能有以下两点原因：一方面，大学生看到政府对疫情的响应、志愿者的服务、媒体对医护人员的报道后，进一步激发增强了公共服务动机，从而想要从事公共服务事业。另一方面，受疫情冲击下失业人群的影响和固有的“铁饭碗”观念，毕业生基于工作稳定偏好而选择去公共部门就业。那到底是基于公共服务动机还是工作稳定(铁饭碗)的考虑而选择去公共部门就业呢？遗憾的是，在疫情之后，较少有研究对此进行深入分析。

此外，除了上述两种动机外，大学生个体因素和外部环境也可能产生差异化影响。如大学生的性别，相较于男性，女大学生具有更强的同情心，此举可能会强化公共服务动机和工作稳定性对公共部门就业倾向的关系。此外，疫情服务满意度也可能在公共服务动机和工作稳定偏好与公共部门就业倾向关系间起到调节作用，当疫情服务满意度较高时，会增加大学生对公共部门形象的积极评价和认同，进而强化工作稳定偏好对公共服务动机的影响。

本书基于动机理论和职业选择理论，认为在疫情下公共服务动机和工作稳定偏好会对大学生公共部门就业倾向产生影响，同时性别和疫情服务满意度作为调节变量影响公共服务动机和工作稳定偏好与公共部门就业倾向之间的关系。基于此，本书将在研究结论部分解答以下几个问题：(1)公共服务动机和工作稳定偏好是否对大学生公共部门就业倾向有显著影响；(2)性别和疫情服务满意度是否具有显著调节作用。

本书首先对公共服务动机、工作稳定偏好与公共部门就业倾向相关的研究进行回顾，提出研究模型。其次，检验公共服务动机和工作稳定偏好对公共部门就业倾向的直接关系。再次，检验性别与疫情服务满意度分别对上述主效应的调节作用。最后，指出本研究的主要理论、实践启示和不足与展望，为进一步丰富公共服务动机相关理论和优化公务员队伍建设提供重要的依据。

二、研究意义

(一)理论意义

目前关于大学生的公共部门就业倾向影响因素的研究较少，实证研究更为罕见，尤其在疫情的背景下。本研究以疫情为放大镜，将公共服务动机和工作稳定偏好作为视角拓展大学生的公共部门就业倾向研究，还有性别和疫情服务满意度的调节作用，具体而言包括：

第一，聚焦后疫情时代的特殊背景。在后疫情时代，疫情并不是彻底消失，而是时断时续，对人类社会的各个层面都产生了深刻的影响。为保证后疫情时代下人类社会的可持续发展，以后疫情时代的特殊背景展开研究有利于恢复全球市场经济，保障人类生活。

第二，本书同时考虑 PSM 和工作稳定偏好、内部和外部工作动机对大学生去公共部门就业的影响，并比较疫情后的差异性。将工作稳定偏好单独作为自变量是由于特殊时期有可能造成此自变量的影响力被强化，并且基于内外动机的相互影响开展研究有利于学术创新。

第三，结合疫情背景，考虑外部环境和个体特征的交互作用。没有哪一种个体的行为是完全受遗传基因影响，又或者说完全受外部环境影响。因此，基因与环境之间的相互作用在解释个人的行为特点方面有着重大的理论和现实意义，况且以公共危机事件作为背景更能凸显外部环境对个体的公共部门就业倾向的影响。

(二)现实意义

从现实的角度来看，本研究可帮助优化公共部门人才结构，增强大学生就业稳定性。就如同入党需要有正确的动机一样，选择去公共部门就业同样需要有正当的动机，了解疫情背景下大学生的公共部门就业倾向影响因素有助于为我国公共部门挑选、培养人才提供借鉴，完善公共部门人力资源管理办法，实现“就业稳”，提高大学生就业质量。具体而言：

(1)选人方面。本研究考察大学生的公共部门就业倾向，并测量 PSM 与工作稳定偏好水平。公共部门组织也更希望雇用其价值观念和需要与本组织的公共服务使命相一致的个人。

(2)用人方面。研究结论对帮助公共部门优化人才结构具有积极意义，与国家发展密切相关的公共部门对于人才的选用有着更加严格的要求，本研究可帮助公共部门选出优秀且称职的人才。

(3)育人方面。研究结论可为高校培养优质大学生提供宝贵建议。学校作为一个重要的教育场所，承担为国家输送人才的重任，根据研究结论，学校可以开展适宜的德才教育，培养栋梁之才。

(4)留人方面。研究结论对于帮助公共部门了解高校大学生的公共部门就业需求具有参考价值，便于制定相关政策，让大学生安心工作。

第二节　文献综述与理论基础

一、工作稳定偏好相关综述

(一)工作稳定的定义

从字义上理解，“工作稳定”即劳动关系的稳定。国内外在研究工作价值观时偏向于将“工作稳定偏好”作为影响因素测量，或者单独作为一个维度。金英杰认为，工作稳定是指劳动者在就业后，其工作应该获得的稳定保障的安全性。换句话说，工人不仅应该有工作，而且应该保持他们的工作，并改善就业的水平和质量。阚雅玲认为，工作稳定是工作价值观之一，指的是工作相对稳定，不用担心频繁的裁员和解雇现象，避免疲于找工作。学者 Rodrigo 认为工作稳定性应被理解为雇主和雇员或候选人共同承担的责任，以确保他们在工作环境中有效参与，同时双方保证能增加产品或服务的附加值。表 5-1 为工作稳定相关概念的界定。

表 5-1　　工作稳定的定义

研究者(提出时间)	主要研究内容
金英杰(2005)	工作稳定是指劳动者在就业后，其工作应该获得的稳定保障的安全性
阚雅玲(2020)	工作稳定是工作价值观之一，指的是工作相对稳定，不用担心频繁的裁员和解雇现象，避免疲于找工作

续表

研究者(提出时间)	主要研究内容
Rodrigo(2020)	工作稳定性应被理解为雇主和雇员或候选人共同承担的责任，以确保他们在工作环境中有效参与，同时双方保证能增加产品或服务的附加值

(二)工作价值观的结构和测量

工作稳定偏好研究范围较小，国内外往往将工作稳定偏好纳于工作价值观的其中一个维度。马斯洛需求层次论认为，工作价值观可以分为由低(经济导向)到高(成就导向)的过程。Super 将工作价值观从内部价值观、外部价值观和附加价值观三种类型中区分出来，并在此基础上编制了 15 个项目、三个维度的工作价值观量表，包括外部动机(生活方式、安全等)和内部动机(创造力、管理等)。Elizur 得出了由社会、声誉、外向和内向等四个维度组成的，24 项工作价值量表。凌文栓在新一代员工工作价值观的结构研究中，提出了发展、声望和保健结构。李燕萍和侯恒方结合扎根理论，构建了中国新一代员工的工作价值结构，包括物质环境、自我情感、人际关系和转型特征，同时通过从互联网等媒体收集大量“80 后”“90 后”们关于工作价值观的多主体评价的信息，相关内容见表 5-2。

表 5-2　　**工作价值观的结构和测量**

研究者(提出时间)	主要研究内容
Maslow(1943)	工作价值观可以分为由低(经济导向)到高(成就导向)的过程
Super(1970)	根据研究理论建立开发出了 15 个条目、3 个维度(内部价值观、外部价值观和附加价值观)的工作价值观量表

续表

研究者(提出时间)	主要研究内容
Elizur（1984）	研究获得了由内向、外向、社会和声望等四维度、24 个条目构成的工作价值观量表
凌文栓(1999)	提出了发展、声望和保健结构
李燕萍和侯恒方（2012）	运用扎根理论，构建出我国新生代员工的工作价值观结构，包括物质环境、自我情感、人际关系和转型特征等四因素

注：本表为本研究整理而来。

(三)工作价值观的影响因素

已有研究发现，影响员工工作价值观的因素有婚姻状况、性别、受教育程度、职位、年龄等。学者 Gomez 通过对某大型高新技术企业不同岗位的员工调研发现，不同岗位的雇员会产生不同的工作价值观。Harry 通过调查发现随着公司职务层次的提高，员工对薪酬的重视程度逐渐下降，更注重自身的工作能力和观念的落实。此外，不同性别之间的工作价值观也存在着差异。男人对外部的价值更看重，女人对内在的价值更看重。学者 Walk 指出雇员的工作价值观随婚姻情况的不同而有差别。黄同圳指出雇员的一些工作价值观会随着年纪的增长而变化，如年轻的雇员更重视自身的发展和内在价值，而年纪较大的雇员则更多地关注外在的工作信念。

(四)工作价值观的作用

Vansteenkiste 等基于认知决策理论，认为良好的同事关系和自我发展的价值观会导致积极的工作成果，如积极的个人工作投入。当员工的工作价值观与企业的匹配度存在差异，其正向价值观对员工的影响也会有差异，进而影响员工的离职行为。Christina 等发现工作价值观对工作表现和离职行为的影响会通过工作满意和报酬满足来调节。金蕾莅通过对来自北京市两所高校的 1174 名“00 后”新生进行调查，发现对社会福利重视程度越高的学生，倾向于体制单位的机会越大；对社会地位、职业前景和家庭的重视程度越高的人，倾向于选择事业单位的机会就越少。

二、就业倾向相关综述

（一）就业倾向的定义

20 世纪初美国职业指导局的出现意味着职业指导开始走入人们的视线，由于当时许多学生毕业时并未找到理想的职业岗位与就业方向，造就了毕业即是失业的现象，大学生就业难的问题渐渐在社会中浮出水面，这一现象同样也引起国内学者的探讨热情。张进辅认为，就业倾向是指人们对工作的信仰与态度，是价值取向的反映，也是个人取向的一种表现。刘兆萍认为，就业倾向是个体选择就业岗位的意愿、偏好及为此付出的努力。李春霖指出就业倾向是指就业主体在对某种社会职业产生积极选择意向的过程中所表现出的评价、心理倾向、认知、方法和态度。就业倾向相关定义详见表 5-3。

表 5-3　**就业倾向的定义**

研究者(提出时间)	主要研究内容
张进辅(2006)	就业倾向是指人们对工作的信仰与态度，是价值取向的反映，也是个人取向的一种表现
刘兆萍(2019)	就业倾向是个体选择就业岗位的意愿、偏好及为此付出的努力
李春霖(2020)	就业主体在对某种社会职业产生积极选择意向的过程中所表现出的评价、心理倾向、认知、方法和态度

（二）就业倾向的影响因素

在职业地位获取的研究中，布劳-邓肯地位获取模型在业内有着极大的影响力。他们详细分析了前获得性地位(由父母地位衡量)和自我获得性地位(挣得的角色地位)对职业地位获得的影响。

丁大建等研究发现，前三名最被看重的大学生就业选择影响因素是：(1)有利于个人的发展与晋升；(2)工资水平及福利；(3)就业地区选择。学者尉建文等发现直系亲属的社会地位和资本对大学生的就业意向有一定的影响。具体而言，直系亲属社会资本越多，大学生从政意愿越强；直系亲属的社会地位越高，大学生进入企业的意愿越强。学者李艳对高职大学生进行实证研究发现，其就业行为受个人因素(职业能力)和环境因素(求职指导、社会资本等)的影响。学者金蕾莅研究发现，“社会促进”和“福利待遇”得分越高的学生，选择党政机关、高等教育、科研设计、国有企业等公共部门意向越高。

总的来看，影响求职行为的因素可以基本概括为两类：个人因素(人格特征、求职期望、就业能力、工作价值观、职业生涯规划等)，环境因素(家庭、社会支持、就业政策以及劳动力市场供需等)。

本研究从上述相关文献中发现，目前已有的研究多是关于公共服务动机、工作价值观及就业倾向的概念、测量以及结构等方面的研究，为我们更好地了解大学生的就业价值观和就业行为提供了宝贵的参考，不过，相关研究还存在补强之处。

第一，相比于国内，国外关于工作价值观的理论要早，在理论体系方面更为成熟，也有更多研究成果。现有研究都肯定了工作价值观对工作行为的影响，例如职业选择、工作绩效等，但针对特定工作部门的研究结论存在争议。

第二，针对现有的 PSM 和工作稳定偏好对就业倾向的影响研究中，尽管大部分学者认为，PSM 和工作稳定偏好都会对个体公共部门就业倾向产生积极影响，但不同国家文化背景存在差异，因此跨文化普适性方面考虑得不够周全，不少学者提出应在不同的国家背景下开展研究。

第三，国内关于工作稳定偏好的研究较为罕见，且现有文献对于特定背景下大学生就业价值观的转变研究也格外稀少。

第四，目前针对大学生就业倾向的外部环境和个体特征的交互作用研究较少，缺乏充分的理论解释。

三、相关理论基础

(一)动机理论

动机理论又称动因理论，它涉及动机的产生、机制、动机和需求、行为与目标之间的关系。动机是一种内在的觉醒状态，是一种以特定的方式引发和保持人类行为的一种内在觉醒状态，是一种对特定目标的主观渴望或意图，是一种对特定目标的自觉意识。动机理论对于分析个体择业行为具有重要价值。

关于动机的内涵，马斯洛认为，动机是一个人产生行为的内在动力，而动机的产生主要有两方面的因素：一是需要(need)，另一个是刺激(stimulation)。马斯洛把这些逐级提升的人类需求分为生理需要、安全需要、相属与相爱的需要、受人尊重的需要、自我实现的需要。克莱顿·阿尔德佛将马斯洛需求层次理论归纳整理后提出了ERG需要理论，认为人有三种核心需要(简称为“ERG”)：一是生存(Existence)，指与人的基本生存相关，对应马斯洛需求层次理论的“生理需要”和“安全需要”；二是相互关系(Relatedness)，指与人际关系相关，对应“相属与相爱的需要”和“受人尊重的需要”；三是成长发展(Growth)，指人的发展，对应“自我实现的需要”。两种理论的差别在于，需求层次理论需要遵循一个严格的由低向高的梯阶，但ERG需求理论认为，高层次的需求和低层次需要可以同时存在，并且它以不需要满足低层次的需求为前提；如果高层次的需求得不到满足，低级需求的强度就会增加。

在本研究中，公共服务动机和工作稳定偏好分别对应马斯洛需求层次理论中的“自我实现的需要”“生理需要”和“安全需要”。尽管马斯洛认为动机是分层级出现的，但通过ERG需要理论又可将上述两种动机划分为成长发展需要和生存需要，且克莱顿·阿尔德佛认为动机的出现并不一定遵循一定的规则。因此，本研究的目的旨在分析疫情背景下大学生面临就业选择时公共服务动机与工作稳定偏好作为内、外在动机对公共部门就业倾向的影响程度与优先顺序。

(二)职业选择理论

Hoppock(1957)的职业选择理论认为，职业选择必须符合个人需要。职业发展贯穿一个人的一生，在他的整个人生过程中，随时都可能有职业转换的心态，即职业重新选择行为。金兹伯格的职业发展理论认为职业选择分为三个阶段：(1)幻想阶段(11 岁以前)，孩子们的选择是不切实际的，他们对未来工作的考量与个人的能力和成就无关，而是由需求决定；(2)尝试阶段(11~18 岁)，青少年的自我意识逐步增强，对自身能力、兴趣、价值观有更客观的认知，会对职业进行更实际的评估；(3)现实阶段(18~20 岁)，个体会根据自己的个性特征以及价值观做出具体的职业选择。他接着指出，职业发展不仅限于童年和青少年时期。所谓择业，就是根据自己的期望、爱好和能力来选择工作，并努力使能力与需求达到相匹配的程度。

关于职业选择的内涵，Super 的职业发展理论认为，人们在不同的社会工作中，形成了三个需求，分别是：生活需求、人际关系需求和各类劳动需求。个体在工作中建立起自己的价值观念，以使其能够完全地满足上述三种需求。弗兰克・帕森斯在《选择职业》一书中提出“人与职业相匹配”，指出每个人都有个性，都有适合自己的工作。约翰・霍兰德教授是美国著名的职业指导专家，他认为，个人的性格类型和兴趣与职业密切相关，兴趣是最大动力，任何职业都应能激发人们的工作热情，并能促进人们积极、愉快地从事工作。

职业选择理论与动机理论的共同点在于个体行为都是因种种需要而引起的，不同点在于职业选择有可能受人格特质的影响，且大多数理论认为个体在进行职业选择时会重点考虑自身需求与工作所得是否匹配。职业选择理论在本书中具体体现为：本身具有高公共服务动机使个体去追求与其价值观相同的部门，即通过公共部门实现自身的公共服务需要；本身具有高工作稳定偏好的个体会主动从事稳定的工作部门，例如公共部门。

总体而言，目前学界认为动机的产生往往是通过需要来体现的，而人的需要是多样化的，不同个体间的需求也会有一定程度上的差异，而这种差异会通过内外部环境来体现，为满足自身的需要从而产生动机，并为实现需要而产生某种行为。因此，高校大学生在就业单位进行选择时，会对自身各种内、外需要进行考量，并将考量的多个维度进行优先级排序，最后形成自身独有的工作价值观，最后对其就业倾向产生影响。

第三节　研究假设

一、公共服务动机对大学生公共部门就业倾向的影响

大量研究表明公共服务动机对个体的行为选择（公共部门就业倾向）、工作态度（离职意愿、工作满意度、组织承诺等）和行为（任务绩效、工作绩效、主动担责等）会产生深远影响。

以往关于公共服务动机与大学生公共部门就业倾向的研究结果莫衷一是。部分学者认为公共服务动机与大学生公共部门就业倾向正相关，且获得了实证数据的支持，具体理由如下：第一，从个体动机的视角，高水
的 PSM 意味着更具有奉献精神和利他行为。而在公共部门工作获得
与公众接触和为社会服务的机会，能更好地满足高 PSM 个体实现
的需要。因此，高 PSM 的个体更加倾向于到公共部门就业 tion-
人—组织匹配的视角，Schneider[192] 提出了吸引—选择 之间
Selection-Attrition，ASA）理论。该理论认为个体会 匹配的
某种类型的匹配而受到组织的吸引，而当人们加 织中的员
组织后，个体会由于不适应而主动或被动选 民满意的服
工越来越同质化。公共部门的使命就是

务，这与个体的公共服务价值观十分契合，因此公共部门也更愿意选拔高 PSM 的个体。“公共服务动机”作为一个筛选人员的重要标准，传递了公共部门对人员的要求及未来职业发展走向，从而使得那些公共服务动机较低的个体被“规劝”，降低了他们去公共部门就业的可能性。大量实证研究，如 Wright 和 Christensen[193] 的研究也支持上述观点。

然而，也有部分学者在理论上或数据上不支持上述观点。如 Hinna 等[194] 指出，随着新公共管理思潮的兴起，公务员需要在政策执行过程中面临持续的变革与挑战，导致公共部门丧失了就业选择竞争力。如在英国，大学生的公共服务动机与公共部门职业偏好不显著。此外，Lee 和 Choi[195] 在来自韩国大学生的样本中也发现，公共服务动机与公共部门就业偏好不相关，只有工作保障是公共部门偏好的主要驱动因素。大学生在考虑是否加入公共部门时，考虑更多的是职业声誉和职业保障，而非公共服务动机本身。

本研究认为，在疫情背景下，我国大学生的公共服务动机与公共部门就业倾向显著正相关。这是因为，我国受儒家“仁”“爱”思想和独特政治体制的影响，形成了助人为乐、集体至上、爱岗敬业、无私奉献等社会风气和规范，这些有助于增加大学生公共服务动机和选择与其价值观相匹配的公共部门就业。尤其在新冠肺炎疫情发生后，我国公共部门涌现出大批先进典型，如诸多领导带队在一线指导工作，公务员积极下沉社区提供服务，医护人员提供优质医疗服务等，这些事件会进一步激发高公共服务动机的大学生投身公共部门提供优质社会服务的意愿。基于此，本研究提出假设：

疫情背景下我国大学生公共服务动机与其公共部门就业倾向正

稳定偏好对大学生公共部门就业倾向的影响

工作是指一种就业价值观取向的偏好，指就业者在测量自身

作稳定性这一因素的偏好程度。

以往研究也指出工作稳定性是促进大学生选择去公共部门就业的重要原因。这是因为相较于私营企业，公共部门的工作较少受到经济形势的影响，工作相对较为安全且稳定，社会福利待遇较好。公共部门的工作能够更好地满足个体安全需要。Ko 和 Jun[196]基于双因素理论，研究了新加坡、韩国和中国学生的公共部门求职动机，发现“稳定和安全的未来”是吸引学生进入政府部门最大的动机，甚至要超越公共服务动机本身对公共部门就业倾向的影响。

本研究认为，在我国情境下，国有企业和政府部门会提供稳定的工作，较好的待遇、职业地位和工作环境，这些条件为大学生选择去公共部门就业提供了直接的外源性动机。此外，在后疫情时代，经济形势受疫情波动较大，造成就业市场不稳定，出于对风险的规避心理，就业群体更愿意到不容易被辞退的单位工作，比如公共部门。据此，本研究做出以下假设：

H2：疫情背景下我国大学生工作稳定偏好与其公共部门就业倾向正相关。

三、性别的调节作用

然而，实践表明并不是所有拥有相同水平的公共服务动机和工作稳定偏好的大学生呈现一样的公共部门就业倾向，个体之间也存在差异，比如性别。过去，大量研究主要考虑了性别对公共服务动机的直接影响，而忽视了性别在公共服务动机对公共部门就业倾向影响中的差异性。女性主义理论认为，传统的“女性”职业真实地反映了女性的共同禀赋。正面的女性禀赋，如照顾他人、忠实、灵巧、适合家务劳动等，使女性多从事护士、社会工作者、纺织工人和保姆等职业。由此可见，性别带来的性别禀赋会强化内源性动机和由此引发的职业选择。本研究认为，面临相同水平的公共服务动机时，由于女性角色的角色特征和角色禀赋，女性更倾向于选择与其女性角色相匹配的公共部门就业，也就是说，性别在公共服务动机和公共部门就业倾向之间起到调节作用。

此外，本研究也认为性别在大学生工作稳定偏好和公共服务部门就业倾向之间起到调节作用。新古典人力资本理论认为女性的人力资本相较于男性，显得不足，一方面由于受教育水平和教育领域都不如男性，另一方面由于结婚、做家务、照看孩子等引起的市场参与的间断，造成她们工作经验较少。由此可见，市场参与的间断使女性在风险的感知程度上可能高于男性。陈宇红[197]在对大学生就业压力研究中发现，女大学生的就业压力显著高于男大学生，她们承担着比男性更大的心理压力。金窗爱等[198]认为，基于女性的生理特征，她们对于工作条件的要求较高，比如工作流动性不能太大、不适宜远距离出差、不能承受体力强度高的工作、人身安全有保障等。因此，相较于男大学生，女大学生对工作稳定偏好的敏感性更高，更愿意选择能够提供稳定就业机会的公共部门工作。基于上述分析，本研究提出以下假设：

H3a：性别调节公共服务动机与公共部门就业倾向的关系。具体而言，相较于男大学生，女大学生公共服务动机与公共部门就业倾向的关系会更强。

H3b：性别调节工作稳定偏好与公共部门就业倾向的关系。具体而言，相较于男大学生，女大学生的工作稳定偏好与公共部门就业倾向的关系会更强。

四、疫情服务满意度的调节作用

疫情服务满意度是在后疫情时代背景下，人们对于公共部门抗击疫情工作的满意程度。服务满意度也是政府信任当中的重要测量维度。关于政府信任方面的研究表明，具有比较高信任程度的政府其公民更能够感受到政府为人民和社会服务的诚意与作为，对政府的行为会有更高的支持程度。

认知动机理论认为个体对来自外界的信息经过编码、贮存、提取和输出等加工过程，在头脑中形成了不同的观念，从而引起行为的改变。因此本研究推断，即使个人的 PSM 水平不高，但是疫情中的正面报道和亲历的积极服务体验可能会提升其对政府的满意度，从而唤醒该个体心中的服务意识，加强公共服务动机与公共部门就业倾向之间的关系，即人们会希望通过政治参与方式实现自我公共服务意识。现有研究已经意识到公民对政府表现的满意度与其政治行为之间的关联性。李宝臣等研究发现公民的政府满意度对其参与不同类型政治活动的意愿具有显著影响。相反，如果疫情服务满意度较低时，意味着大学生对公共部门在疫情中提供的服务和发挥的作用存在质疑，对公共组织的行为不认同和不信任，在此情况下，不利于大学生形成较强的内源性工作动机，由公共服务动机引起的公共部门就业倾向也会被削弱。

同理，本研究也可以推断疫情服务满意度对大学生工作稳定偏好和公共部门就业倾向的影响。当大学生感知的疫情服务满意度较高时，代表该大学生对公共组织更加认同，对于那些追求工作稳定的大学生而言，又增加了一个选择去公共部门就业的原因，即公共部门的工作环境也是积极向上的，是值得信赖的。相反，当疫情服务满意度较低时，意味着大学生并不认同公共部门在疫情防控中发挥的作用，会增加其对公共部门的负面评价，降低认同感和信任度。虽然追求工作稳定是他们选择去公共部门就业的重要原因，但发现公共部门与其价值观和理想存在差异时，可能会降低其选择概率。也就是说当疫情服务满意度较低时，会削弱大学生工作稳定性与公共部门就业倾向之间的关系。基于上述分析，本研究提出以下假设：

H4a：疫情服务满意度调节我国大学生公共服务动机与公共部门就业倾向的关系。具体而言，当疫情服务满意度较低时，我国大学生公共服务动机与公共部门就业倾向的关系将减弱。

H4b：疫情服务满意度调节工作稳定偏好与公共部门就业倾向的关系。具体而言，当疫情服务满意度较高时，我国大学生工作稳定偏好与公共部门就业倾向的关系将增强。

研究模型如图 5-1 所示。

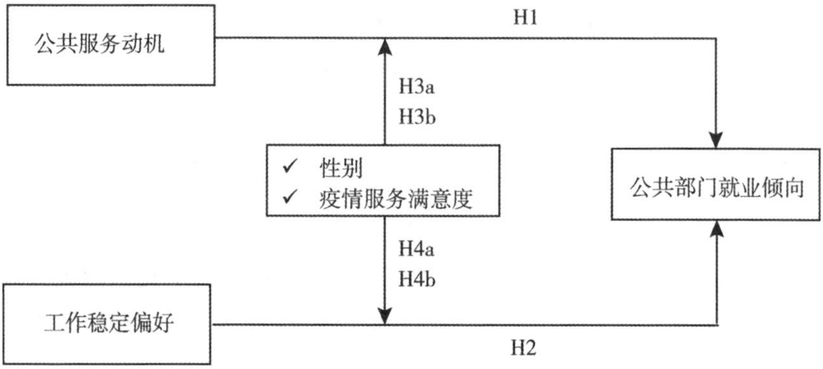

图 5-1 本研究理论模型图

第四节 研究设计

一、研究程序与样本

本研究采用网上问卷调查的方式进行，正式调查从 2022 年 3 月初开始，到 3 月底结束。本研究选取的调查对象为我国中部地区一所“985”大学的本科生。之所以选择该高校的大学生作为主要研究对象，一是我国对于一流大学的就业倾向研究较少，而该校为社会贡献了诸多优质人才，相较普通高校有更高的研究意义；二是笔者与该校大学生建立了广泛的联系，这在一定程度上保证了研究样本的数量与质量。为满足研究需要，本研究采取了随机抽样的调查方法，共随机抽取并回收了 225 份问卷，剔除填写时间过短、多份答案选项高度相同、验证题选项矛盾的 24 份，共取得有效问卷 201 份，问卷有效率 89. 3%。具体样本特征见表 5-4。

此次样本对象中女生占比 56. 7%。相比而言，独生子女及亲属任职公共部门分布较为平均，城市户籍占总样本量的 2/3，独生子女占比 56. 7%。在政治面貌上，党员比例较多，占比达 50. 2%。在大学生的公共部门就业倾向的调查中，选择排名前三的为：比较愿意>非常愿意>略微愿意。其中，“比较愿意”占42.8%、“非常愿意”占35.8%、“略微愿意”占14.4%，而选择“别无选择时才会考虑”和“完全不考虑”的仅有5.5%和1.5%。总体而言，绝大多数大学生还是较为倾向去公共部门就业。

表5-4　　**样本基本特征(n=201)**

个体特征变量	类别	人数	百分比(%)
性别	男	87	43.3
	女	114	56.7
户籍	城市户口	134	66.7
	农村户口	67	33.3
独生子女	是	114	56.7
	否	87	43.3
政治面貌	群众	11	5.5
	团员	89	44.3
	党员(含预备党员)	101	50.2
亲属任职公共部门	是	96	47.8
	否	105	52.2
公共部门就业倾向	非常愿意	72	35.8
	比较愿意	86	42.8
	略微愿意	29	14.4
	别无选择时才会考虑	11	5.5
	完全不考虑	3	1.5

注：下文为方便统计分析，将群众和团员样本归类为“非党员”样本。

二、变量测量

为了保证量表具有良好的信度和效度，本研究选取国内外成熟量表。对于英文期刊发表的量表，本研究首先通过翻译和回译的程序确保量表的等效性。根据以往研究，公共服务动机和疫情服务满意度用李克特 5 点量表，工作稳定偏好采用李克特 6 点量表。从小到大依次表示完全不同意到完全同意。

公共服务动机。本研究公共服务动机的量表采用包元杰、李超平[22]的公共服务动机量表(PSM-8)。具体题项包括："有意义的公益活动对我很重要""对我而言，为社会公益作贡献很重要""我认为，公民机会均等很重要""公务员的行为一定要符合伦理规则""当看到他人遇到困难时，我会很难受""当看到他人遭到不公正对待时，我会很气愤""我愿意为社会公益付出个人努力"和"我愿意为了社会公益而牺牲自身的利益"。

疫情服务满意度。疫情服务满意度改编自刘武和朱晓楠[199]等的政府公共服务的顾客满意度研究，共计 7 个题项，分别为："疫情期间，您对人身、财产安全受到政府保护程度是否满意""疫情期间，您对政府办事效率是否满意""疫情期间，您对防疫工作人员服务态度是否满意""疫情期间，您对政府信息公开程度是否满意""疫情期间，您对防疫物资分配是否满意""疫情期间，您对政府防疫政策是否满意"以及"目前为止，你对各级政府在抗击疫情工作中的表现感到满意吗"。

工作稳定偏好。工作稳定偏好的测量采用 Schein 的职业锚[200]问卷中"安全/稳定型"的 5 个题项，分别为："追求稳定和安全的生活是我所向往的""工作环境带给我的安全感是我选择留下的原因""能够提供安全感、稳定感的公司对我更具吸引力""工作和生活得到保障使我有安全感"和"我希望有一份让我有稳定感和安全感的工作"。

公共部门就业倾向。本研究采用单题项测量方式，直接询问大学生选择去公共部门就业倾向的可能性，题目为"您毕业后会考虑到公共部门(包含党政机关、国有企业、事业单位)工作吗"？

控制变量。以往研究成果表明，大学的性别、户籍、独生子女、政治面貌、父母任职公共部门等都可能对其公共部门就业倾向产生影响。因此，本研究将上述 5 个变量作为控制变量，性别(1 = 男性，2 = 女性)，户籍(1=城市户口，2=农村户口)，独生子女(1=是，2=否)，政治面貌(1=

党员，2=非党员），父母是否任职公共部门(1=是，2=否)。

三、量表的信度与效度分析

信度(reliability)是测量题项可靠性的重要指标，主要用于判断测量结果的一致性与稳定性。Cronbach's Alpha 系数是衡量信度水平的重要指标，其值介于 0 到 1 之间，一般认为该系数值越接近于 1，量表信度水平越高。在实际分析论证中，一般而言，如果该系数超过 0.90，表明测量指标的一致性非常好；如果系数在 0.90 与 0.80 之间，表明测量指标一致性较好；如果系数在 0.80 与 0.70 之间，表示信度可以接受；而低于 0.70 则表示信度不佳。

本研究运用 SPSS25.0 的 Cronbach's Alpha 系数对问卷中涉及的主要量表进行信度分析，得到表 5-5 所示结果。可以看出，本研究涉及的疫情服务满意度量表、公共服务动机量表以及工作稳定偏好量表等，其 Cronbach's Alpha 系数均达到 0.8 以上，表明各量表的信度水平较好，内部一致性较高。

表 5-5 **问卷主要量表的信度分析**

主要量表	Cronbach's Alpha
疫情服务满意度	0.916
公共服务动机	0.887
工作稳定偏好	0.926

运用 SPSS25.0 对疫情服务满意度、公共服务动机和工作稳定偏好三个量表进行 KMO 和 Bartlett 球形检验，得到表 5-6 所示结果。学者 Kaiser (1974)表示，KMO 值是因子分析效度检验的重要指标之一，一般来说，KMO 值在 0.9 以上，非常适合做因子分析；在 0.8~0.9 之间，很适合；在 0.7~0.8 之间，适合；在 0.6~0.7 之间，尚可；而在 0.6 以下，则表示很差甚至不适合做因子分析。由表 5-6 可以看出，样本的 KMO 取样适切性检

验值为 0.880，接近于 1；球形检验卡方值为 2778.207，$p = 0.000 < 0.05$，达到显著性水平，表明该量表的结构效度良好。

表 5-6　**KMO 和 Bartlett 检验**

KMO 取样适切性量数		0.880
Bartlett 球形度检验	近似卡方	2778.207
	自由度	190
	显著性	0.000

然后，对疫情服务满意度、公共服务动机和工作稳定偏好的 3 个题（20 题项）进行探索性因子分析，提取特征值大于 1 的因子。因子负荷量高于 0.45，可以接受；高于 0.55，较好；高于 0.63，非常好；高于 0.71，即为优秀。得到表 5-7 所示的因子结构，各题项因子负荷均高于 0.45，且各题目不同时在多个因子上具有较大负荷。

表 5-7　**量表的因子结构**

	探索性因子分析		
	因子 1	因子 2	因子 3
疫情服务满意度 1	0.652		
疫情服务满意度 2	0.839		
疫情服务满意度 3	0.740		
疫情服务满意度 4	0.778		
疫情服务满意度 5	0.867		
疫情服务满意度 6	0.833		
疫情服务满意度 7	0.804		
公共服务动机 1		0.773	
公共服务动机 2		0.809	

续表

	探索性因子分析		
	因子 1	因子 2	因子 3
公共服务动机 3		0.678	
公共服务动机 4		0.609	
公共服务动机 5		0.734	
公共服务动机 6		0.703	
公共服务动机 7		0.785	
公共服务动机 8		0.653	
工作稳定偏好 1			0.872
工作稳定偏好 2			0.827
工作稳定偏好 3			0.903
工作稳定偏好 4			0.802
工作稳定偏好 5			0.899
特征值	4.740	4.557	3.953
解释变异量(%)	23.700	22.787	19.764
累计解释变异量(%)	23.700	46.487	66.252

第五节　假设检验

一、相关分析

首先，将个体特征变量、公共服务动机、工作稳定偏好、疫情服务满意度、公共部门就业倾向进行相关分析，得到表 5-8 所示结果。可以看出，大学生公共服务动机($r=0.178$，$p<0.05$)、工作稳定偏好($r=0.345$，$p<0.01$)和疫情服务满意度($r=0.249$，$p<0.01$)与公共部门就业倾向正相关。假设 1 和假设 2 得到了初步的验证。

表 5-8　**大学生的个体特征变量、公共服务动机、工作稳定偏好、疫情服务满意度与公共部门就业倾向之间的相关性**

	M	SD	1	2	3	4	5	6	7	8	9
1. 性别	1.57	0.497	NA								
2. 户籍	1.33	0.473	-0.085	NA							
3. 独生子女	1.43	0.497	0.054	0.447**	NA						
4. 政治面貌	1.55	0.599	-0.143*	-0.124	0.011	NA					
5. 亲属任职公共部门	1.52	0.501	-0.051	0.380**	0.252**	-0.033	NA				
6. 公共服务动机	4.3364	0.555	0.091	0.033	0.061	-0.126	-0.040	(0.887)			
7. 工作稳定偏好	5.0547	0.820	-0.042	0.151*	0.067	-0.128	0.015	0.350**	(0.926)		
8. 疫情服务满意度	4.2416	0.666	0.087	0.004	-0.013	0.002	-0.025	0.477**	0.225**	(0.916)	
9. 公共部门就业倾向	4.06	0.925	0.111	0.160*	0.107	-0.016	-0.046	0.178*	0.345**	0.249**	NA

注：*表示在 0.05 级别(双尾)，相关性显著；

**表示在 0.01 级别(双尾)，相关性显著。

二、假设检验

(一)主效应分析

为了进一步进行假设检验，本研究进行多层线性回归，结果如表 5-9 所示。公共部门就业倾向作为因变量，模型 1 将大学生性别、户籍、政治面貌、亲属任职公共部门等五个控制变量放入模型，结果显示仅户籍与公共部门就业倾向正相关，农村户口的大学生公共部门就业倾向更高；模型 2 第一步将控制变量放入，第二步放入公共服务动机，结果显示大学生的公共服务动机会显著正向影响到其公共部门就业倾向($\beta = 0.145$ ，$p < 0.05$)，即假设 1 得到验证；模型 3 第一步放入控制变量，第二步放入工作稳定偏好，结果显示大学生的工作稳定偏好与其公共部门就业倾向正相关($\beta = 0.321$ ，$p < 0.001$)，即假设 2 得到验证。然而，模型 4 在放入控制变量后，同时放入公共服务动机和工作稳定偏好，结果显示，公共服务动机对公共部门就业倾向的影响不显著($\beta = 0.038$)，而工作稳定偏好对公共部门就业倾向的正向关系依然显著($\beta = 0.308$ ，$p < 0.001$)，这说明工作稳定偏好会抑制公共服务动机对公共部门就业倾向的影响，大学生是否选择去公共部门就业的决定因素还是工作稳定偏好，也直接验证了工作稳定偏好的重要程度大于公共服务动机。

表 5-9　**公共服务动机和工作稳定性对公共部门就业倾向的回归分析结果**

变量	公共部门就业倾向			
	模型 1	模型 2	模型 3	模型 4
性别	0.105	0.095	0.118	0.115
户籍	0.189*	0.185*	0.13	0.139
独生子女	0.048	0.039	0.044	0.042
政治面貌	−0.110	−0.093	−0.089	−0.085
亲属任职公共部门	−0.125	−0.116	−0.109	−0.107

续表

变量	公共部门就业倾向			
	模型 1	模型 2	模型 3	模型 4
公共服务动机		**0. 145** *		0. 038
工作稳定偏好			**0. 321** ***	**0. 308** ***
F	2. 812 *	3. 108 **	6. 506 ***	5. 596 ***
R^2	0. 067	0. 088	0. 168	0. 169
ΔR^2		0. 020	0. 100	0. 101

注：* 表示 p<0. 05，** 表示 p<0. 01，*** 表示 p<0. 001。

(二)调节效应分析

假设 3a 和 3b 提出了性别在公共服务动机和工作稳定偏好对公共部门就业倾向关系间的调节作用。为了验证上述假设，本研究运用 Hayes (2015)开发的 PROCESSv3. 4. 1 插件中的模型 1 进行 Bootstrap 法抽样 5000 次进行检验。

一般而言，若结果的置信区间不经过数值 0，则说明调节作用显著，数值的正负代表相关的方向。由表 5-10 可知，性别与公共服务动机的交互项对公共部门就业倾向的影响不显著(B=-0. 2905，SE=0. 2328，95%置信区间=[-0. 7495，0. 1686])，因为 95%的置信区间包括零，因此，假设 3a 未得到验证。

表 5-10　**性别对公共服务动机与公共部门就业倾向的调节分析**

	B	SE	t	p	LLCI	ULCI
常数	4. 0670	0. 0644	63. 1302	0. 0000	3. 9399	4. 1940
公共服务动机	0. 2687	0. 1169	2. 2991	0. 0225	0. 0382	0. 4992
性别	0. 1752	0. 1300	1. 3479	0. 1792	-0. 812	0. 4317
交互项	-0. 2905	0. 2328	-1. 2478	0. 2136	-0. 7495	0. 1686

由表 5-11 所示，性别与工作稳定偏好的交互项与公共部门就业倾向之间关系显著(B = 0.3868，SE = 0.1491，95%置信区间 = [0.0928，0.6808])，95%的置信区间不包含数值 0。具体而言，男大学生样本中，工作稳定偏好与公共部门就业倾向的效应不显著(B = 0.1710，SE = 0.1134，95%置信区间 = [-0.0432，0.3238])。女大学生样本中，工作稳定偏好与公共部门就业倾向的效应显著(B = 0.5578，SE = 0.0967，95%置信区间 = [0.3671，0.7486])。因此，假设 3b 得到验证，相较于男性大学生，女性大学生的工作稳定偏好对公共部门就业倾向的影响更大(为节省篇幅，调节分析表此处未列出)。经过简单回归分析，可绘制出性别在工作稳定偏好与公共部门就业倾向关系的调节图，如图 5-2 所示。

表 5-11　　性别对工作稳定偏好与公共部门就业倾向的调节分析

	B	SE	t	p	LLCI	ULCI
常数	4.0663	0.0602	67.5279	0.0000	3.9476	4.1851
工作稳定偏好	0.3904	0.0736	5.3031	0.000	0.2452	0.5356
性别	0.2302	0.1215	1.8938	0.0597	-0.0095	0.4699
交互项	0.3868	0.1491	2.5948	0.0102	0.0928	0.6808

假设 4a 和 4b 提出疫情服务满意度可调节公共服务动机和工作稳定偏好对公共部门就业倾向的关系。同上，本研究运用 Hayes(2015)开发的 PROCESSv3.4.1 插件中的模型 1 进行 Bootstrap 法抽样 5000 次进行检验。

由表 5-12 可知，疫情服务满意度与公共服务动机的交互项与公共部门就业倾向之间关系不显著(B = -0.1585，SE = 0.1766，95%置信区间 = [-0.5069，0.1898])，因为 95%的置信区间包含数值 0。因此，假设 4a 未得到验证。

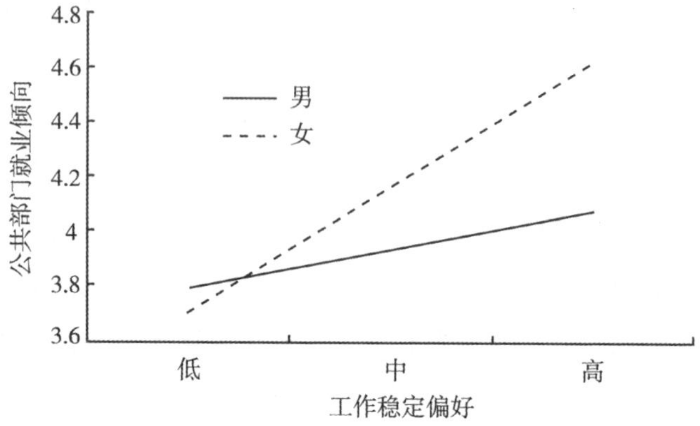

图 5-2　性别在工作稳定偏好与公共部门就业倾向之间的调节作用

表 5-12　**疫情服务满意度对公共服务动机与公共部门就业倾向的调节分析**

	B	SE	t	p	LLCI	ULCI
常数	4. 0875	0. 0706	57. 8995	0. 000	3. 9483	4. 2268
公共服务动机	0. 1148	0. 1312	0. 8745	0. 3829	−0. 1440	0. 3735
疫情服务满意度	0. 2908	0. 1087	2. 6761	0. 0081	0. 0765	0. 5051
交互项	−0. 1585	0. 1766	−0. 8974	0. 3706	−0. 5069	0. 1898

由表 5-13 可知，疫情服务满意度与工作稳定偏好的交互项与公共部门就业倾向之间关系显著（B = 0. 3301，SE = 0. 1116，95% 置信区间 = [0. 1100，0. 5501]），因为95%的置信区间不包含数值0。具体而言，疫情服务满意度较低时，工作稳定偏好与公共部门就业倾向的效应不显著（B = 0. 1141，SE = 0. 1074，95%置信区间 = [−0. 0978，0. 3260]）。疫情服务满意度较高时，工作稳定偏好与公共部门就业倾向的效应显著（B = 0. 5538，SE = 0. 1030，95%置信区间 = [0. 3506，0. 7570]）。因此，假设 4b 得到验证，即疫情服务满意度较高时，工作稳定偏好对公共部门就业倾向的影响增强（为节省篇幅，调节分析表此处未列出）。经过简单回归分析，可绘制出疫情服务满意度在工作稳定偏好与公共部门就业倾向关系的调节图，如

图 5-3 所示。

表 5-13　疫情服务满意度对工作稳定偏好与公共部门就业倾向的调节分析

	B	SE	t	p	LLCI	ULCI
常数	4. 0193	0. 0609	65. 9985	0. 0000	3. 8992	4. 1394
工作稳定偏好	0. 3339	0. 745	4. 4819	0. 0000	0. 1870	0. 4809
疫情服务满意度	0. 2102	0. 0927	2. 2678	0. 0244	0. 0274	0. 3929
交互项	0. 3301	0. 1116	2. 9574	0. 0035	0. 1100	0. 5501

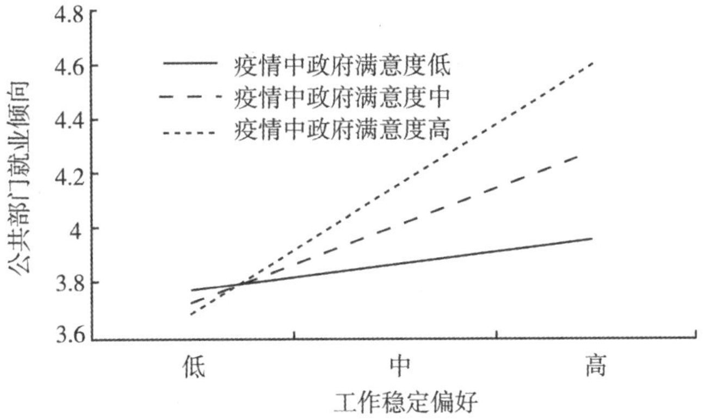

图 5-3　疫情服务满意度在工作稳定偏好与公共部门就业倾向之间的调节作用

第六节　讨论与展望

一、研究结论

(一) 疫情背景下大学生的公共部门就业倾向

调查结果显示，在疫情背景下，大学应届生“非常愿意”和“比较愿意”在公共部门就业的比例分别为 35. 8%和 42. 8%，总占比高达 78. 6%，由此可知，在疫情背景下大学生的公共部门就业倾向度比较高。

（二）疫情背景下大学生的公共部门就业倾向影响因素

在研究实证中，大学生个体特征变量为性别、户籍、是否为独生子女、政治面貌和亲属任职公共部门情况，经过相关性分析，在这些个体特征中，仅户籍特征与公共部门就业倾向之间存在显著的正相关，即农村户口的学生相较于城市户口的学生公共部门就业意向更高。

通过实证发现，大学生的公共服务动机与公共部门就业倾向之间存在显著正相关关系。大学生的公共服务动机越高，则意味着大学生更追求公共服务中的利他和贡献价值，而在疫情背景下，公共部门的工作相较于企业工作更能为社会做出贡献，可消除因疫情带来的混乱，减轻疫情对社会及人们带来的伤害以及协调组织疫情相关工作，恢复社会秩序，因此在疫情背景下，公共服务动机高的学生有更高的公共部分就业倾向。

由前文实证可得，大学生的工作稳定偏好会显著正向影响其公共部门就业倾向。大学生的工作稳定偏好越高，说明在其工作价值观中，稳定性是其对工作的追求，由于疫情的影响，很多企业面临着经营不善、濒于倒闭的窘境，这也使得失业人数空前增多，在此背景下公共部门工作的稳定性优势更为凸显，因此在疫情背景下大学生的工作稳定偏好越高，越容易选择去公共部门就业。

在分别检验了大学生公共部门服务动机和其工作稳定偏好与公共部门就业倾向的关系后，本研究还对三者之间的关系进行了实证检验，检验结果表明工作稳定偏好的确是区分不同就业取向大学生的关键因素，在加入工作稳定偏好后，公共服务动机的差异就不再显著了。由此可以得出，虽然公共服务动机和工作稳定偏好都对大学生公共部门就业产生影响，但决定因素是工作稳定倾向。

（三）大学生的性别和疫情服务满意度对公共部门就业倾向的调节作用

从实证结果看，性别、疫情服务满意度在工作稳定偏好与公共部门就业倾向之间均起到正向显著调节作用，这可能是由于人们的风险感知程度增加，尽力规避未来可能的不确定因素；而性别、疫情服务满意度在公共服务动机与公共部门就业倾向之间的作用均不显著，这可能是新时代下性别带来的公共服务动机差异性在缩小，且疫情服务满意度的作用被工作稳定偏好的作用所掩盖。

二、理论启示

第一，应聚焦后疫情时代大学生公共部门就业倾向的影响因素分析。本研究结论支持了以往对于公共服务动机与工作稳定偏好对就业倾向正向显著影响的研究。研究结果显示公共服务动机与工作稳定偏好这两种因素仍会对大学生的就业意愿产生影响，且工作稳定偏好的水平较以往的研究要高出许多，因此本研究认为这是疫情的外部环境影响下，大学生出于规避被辞退风险的心理而造成的。

第二，对比利他还是稳定，两类影响因素在中国背景和疫情背景下对大学生公共部门就业倾向带来不同影响。本研究创新性地将这两种因素进行比对后发现，后疫情时代下的高校大学生选择去公共部门就业的关键因素为工作稳定偏好，即当大学生拥有高工作稳定偏好水平时，无论公共服务动机水平高低，仍有较大可能选择去公共部门就业。

三、管理启示

(一)国家层面

第一，应完善大学生基层就业激励机制建设。在高校毕业生乃至众多公众眼中，基层工作压力大、负担重且待遇低，所谓“上面千条线，下面一根针”，正是许多基层工作的真实写照。为此，需要逐步提升基层干部待遇水平，让其在经济上有“甜头”，激励其更好地扎根基层、干事创业。具体而言：(1)要明确基层干部成长的长期发展路径，保障发展有空间；(2)要通过完善相关考核和晋升机制，消除高校毕业生在基层与非基层职位流动与转换的制度性障碍；(3)要建立基层就业政策科学评估机制，及时了解政策执行情况和实施成效，适时调整政策方向，从而保证政策目标切实有效达成。

第二，构建机关和谐人际生态，营造良好工作环境。构建党政机关和谐的人际生态，此举对于改善政府形象，提高毕业生就业意向，提升政府人员素质和机关行政效能都具有重要价值。为此，首先，要培养队伍内部和谐人际交往的理念，提高对复杂环境的认知，明确自身人际关系定位，构建契约型上下级关系、良性竞争型平级关系。其次，规范职务管理和职位晋升，建立以能力为本的晋升考评机制，注重人员权责位对等。最后，完善晋升监督机制建设，提升用人选人的公平公正性，强化领导用人追责。

(二)学校层面

第一，加强思想素质教育，引领学生树立正确价值观。立德树人是高校人才培养的根本任务，正如习近平总书记在与高校思想政治课老师的座谈中强调的，“思想政治理论课是落实立德树人根本任务的关键课程”。为此，高校要引导学生树立正确的价值观，不可将报酬作为唯一的价值取向，同时要有一定的家国情怀；引导学生树立正确的社会责任观，克服利己主义不良价值倾向，倡导有志从事公共部门工作的毕业生把自己的青春投入到广大基层工作中，到最需要青年人才的地方去书写人生华章。

第二，加强职业生涯教育，引导学生制定科学职业规划。高校在加强学生思想政治教育的同时，也要做好对学生的职业生涯教育。高校成立业务素质水平高的专业化就业指导队伍是首要任务，通过建立官方就业平台为学生提供各项服务。例如，生涯规划指导、自我认知测评、简历与应试辅导等，推动学生自主有效开展职业探索，找到适合自己的工作。此外，在当前疫情常态化的严峻就业形势下，要通过心理咨询等方式培养学生健康向上的就业心态，减少学生对就业的恐惧和迷茫，提高心理素质。

第三，完善校企合作机制，继续深化合作广度和深度。首先，完善校企合作，为社会稳定输送人才。定向实习有利于企业和学生相互了解，帮助大学生明确毕业后就业去向。其次，完善校企合作有利于保障学生安全。由于学生对于劳动法等保护劳动者权益的法律不够熟悉，容易在实习的过程中遇到不法分子或不良企业的欺骗和压榨，校企合作可在很大程度上使学生避免上述情况，但校方也需要坚守底线，不可将学生当做“牟利”的工具。

第四，积极响应政府号召，落实大学生基层就业政策。基层就业鼓励政策更多需要高校层面的切实贯彻落实。在目标定位上，不能仅仅局限于吸引、鼓励学生到基层就业，而应逐步转变为自主培养有志于服务基层、有能力服务基层的优秀人才，例如组织学生假期到基层进行实习实训和社会实践，进而引导学生了解基层、关注基层，加深学生对基层的情感联系，引导学生将服务基层、扎根基层、为基层建功立业视为自我内在价值追求。

（三）个人层面

第一，认识自我价值，做好职业规划。大学生们要在大学四年时光里不断深刻认识自我，要对自己有准确的定位，明晰自身的优势和劣势所在，然后在综合自身的兴趣和特长下，积极了解不同行业的就业特点，提早为自己制定一条合适的职业道路。不同于企业招聘，公共部门招聘时不仅要求有实习经历，还会有严格的行测等考试，有公共部门就业倾向的学生可以提前向老师及学长学姐咨询相关经验，做好充分的准备，积累实习经验的同时，也要培养自己的应试技能。

第二，积极参与实践，做好工作准备。实习实践可以让大学生学到很多书本上学不到的知识，如果只注重理论学习，在工作时很容易陷入纸上谈兵的误区。所以在校大学生不仅要研学课本知识，还应积极参与实习，在实践的过程中不断提升自己的工作能力，同时也可以探索自身职业路径，不断完善自己的职业规划道路。有公共部门就业倾向的学生应充分利用学校的平台和资源，积极参与公共部门相关实习活动，感受工作氛围，学习办公技巧，为将来的工作打下基础。

第三，培养正向价值观，为国家作贡献。大学生在选择工作时，不能只考虑自身利益，要转变利己主义、享乐主义甚至是拜金主义等不良趋向，担起自身的社会责任，要通过自己所长努力为人民、为国家、为社会作贡献，尤其是在当前疫情的特殊背景下，要为国家分忧，为人民解难，肩负起时代赋予的责任和使命，在实践中不断提高自己的能力，在挫折中磨练自己的品格，不断提高自我修养，在奉献中实现自我价值的升华。

四、研究局限与展望

（一）研究局限

第一，自填式问卷的弊端，可能存在伪装偏好问题。以公共服务动机为例，诸多学者在研究中均指出，公共服务动机相关研究中使用自填式问卷存在一些弊端，如存在社会期望效应和偏好伪装等偏差。

第二，未考虑不同学科及不同教育程度之间的差异，样本代表性有待进一步提高。本研究问卷调查的样本对象为本校“大学生”，但在问卷设计时并未考察具体专业信息，且样本量较少，主要为高校本科生，而不同专业和学历的大学生在就业方向上可能存在一定差异。

第三，仅利用横截面数据分析公共部门就业倾向，未调查大学生们实际就业选择。虽然本研究内容对于理解公共服务动机、工作稳定偏好与公共部门就业倾向关系具有一定实践指导意义，但就业倾向并不能真正代表实际的就业选择，所以研究仍然具有一定的局限。

（二）研究展望

第一，开展公共管理学科毕业生工作价值观及就业选择的纵向研究。与本文的横断面研究不同，纵向研究可以在入学、毕业两个时间点分别测量大学生的工作价值观，考察工作价值观的影响因素；同时，分析早期就业意向与毕业时实际就业选择的关系，从而考察就业意向是否会转化为实际就业选择，以及哪些因素会对此过程产生影响。

第二，研究工作稳定偏好更多的测量方式。本研究的测量方式是从成熟问卷中提取“工作稳定”因子作为单一测量维度，但在疫情的影响下，“工作稳定”这一影响因子有被继续深度研究的理论意义。

第六章　公共服务动机对公共部门雇员绿色行为的影响及其作用机制研究

第一节　引　　言

一、研究背景

随着人类生产力的发展，人类向自然的索求越来越多，导致全球变暖、酸雨、雾霾等环境问题日益增加，敲响了人类可持续发展的警钟，各国纷纷将绿色环保议题提上议程并付诸行动。我国在党的十八大后将生态文明建设提到国家总体布局当中，自上而下地开展了一系列污染防治和节能减排行动，总体取得了良好的效果。统计数据显示，在污染防治方面，我国空气、水、土地污染状况有了明显改善，而在节能减排方面，我国单位 GDP 二氧化碳排放相比 15 年前下降了 48.4%，种种数据表明，我国生态文明建设成果斐然。

作为环保政策规划的制定者与推动者，公共部门担负重任，其行为引导着社会风气走向，起着先锋示范的作用[201]。正所谓“先行其言，而后从之”，要想进一步抓好生态文明建设，打造环保型社会，就应当首先抓好绿色公共组织的建设。为此，国家出台了相应的管理制度，要求和鼓励公共部门全面实施绿色革新，包括要求其雇员实施绿色行为等。然而，公共组织的绿色环保意识仍不容乐观，如公共部门中的水电浪费现象仍然广泛存在。有研究对 2020 年上海市国家机关办公建筑能耗进行了监测统计，发现国家机关办公建筑单位面积用电量是教育部门的 2 倍以上[202]。由此可见，尽管我国绿色公共组织的建设有了相应的制度规范，但在行动落实上还存在较多有待完善的地方。

员工绿色行为(Employee Green Behavior，EGB)是指员工参与的促进环境可持续或阻止环境恶化的行为[203]，如减少一次性办公用品使用、节约水电等绿色低碳行为。已有研究指出，要想提高组织绿色绩效，不仅需要组织提供环保方面的良好战略、政策、管理实践等，更需要落实到个人，强化组织成员在工作场所的员工绿色行为[204,205]。所以，作为改进公共组织绿色绩效的重要途径，有必要对如何激发公共部门雇员的绿色行为展开研究。遗憾的是，当前研究基本只在私人部门(Private Sector)中对激发私企员工绿色行为的各类因素进行了大量的探讨，少有研究关注公共部门(Public Sector)的员工绿色行为。因此，有必要从公共部门员工与私企员工的不同特质出发，就激活公共部门员工绿色行为的因素及其影响机制展开进一步讨论。

公共服务动机代表着公共部门雇员对公共事业的承诺、责任和对公共服务工作的使命感[98]，是公共部门雇员以国家和社会利益优先，向国家和人民群众负责的信念感，其是区别于私企员工的最突出个体特征之一。已有研究表明，公共服务动机能使公共部门员工更广泛地定义其工作内容和职责，促使其增加角色外行为并提升公共服务工作质量，能够有效提升其工作绩效[80,206,207]。作为一种将个人绿色行为迁移至工作场所实施的员工行为，员工绿色行为被包含在广义的复合工作绩效范畴之内[208]，可见个体的公共服务动机有望对员工绿色行为产生积极的影响。对这一关系及其作用机制的探讨就成为本研究的讨论重点。

此外，由于公共治理和服务工作的复杂性，我国公共组织基本以工作组形式开展各项工作，这使工作组成为最直接和长久影响公共部门员工的工作情境。一方面，基于规范激活理论，个体能够敏锐地感知其所处社会环境对其将要实施的行为的态度，并据此做出行为决策，因此工作情境能够直接导向个体行为的产生。另一方面，基于人—情境交互视角，工作情境还能作为一种背景因素，调节个体特质对个体行为的影响过程。因此，有必要关注工作团队的情境因素对公共部门员工绿色行为的影响。

然而，通过对员工绿色行为现有研究的回顾可以发现，目前的前因研究大多从个体、领导和组织层面的影响因素开展讨论，对同事、团队因素的探索较为缺乏，更少有研究关注到个体和情境因素对员工绿色行为的交互作用[209]。工作组绿色倡导(Work Group Green Advocacy，WGGA)是员工对团队鼓励其成员履行环保责任程度的感知水平[210]，代表了工作组对员工心理和行为影响程度的大小。它不仅同员工绿色行为具备绿色环保的内核一致性，从而直接有助于员工绿色行为的产生，还同公共服务动机具备利他的内核一致性，从而可作为一种强化情境正向调节公共服务动机对员工绿色行为的激活作用。

基于以上对研究背景的梳理和对研究现状的回顾，本研究将基于规范激活理论和人—情境交互视角，把具有公共部门员工身份角色特点的公共服务动机变量引入员工绿色行为研究，并关注工作组绿色倡导感知这一情境因素，构建包含公共服务动机、工作组绿色倡导感知、个人环保规范和员工绿色行为的四因子模型，以探讨激发公共部门雇员绿色行为的人—情境交互影响机制。

二、研究意义

(一)理论意义

本研究在规范激活理论和人—情境交互视角框架下，构建有关员工绿色行为影响因素的四因子模型并开展实证研究，主要有以下三点理论贡献：

第一，本研究填补了国内公共部门领域员工绿色行为研究的空白。基于我国公共部门在社会结构中的特殊地位与其行为的示范效应，有必要对激发我国公共部门雇员绿色行为的因素进行探讨，但当前的国内研究只在企业管理领域进行了探索。本研究以公共部门雇员为研究对象，将公共服务动机引入员工绿色行为的前因研究，为强化公共部门雇员绿色行为和提升公共组织绿色绩效提供了思路。

第二，基于规范激活理论，本研究丰富了员工绿色行为的中介机制研究。既往研究关注了规范激活理论在预测个体绿色行为方面的良好适应性，但在激活个人环保规范的前因研究上还存在不足，不仅对个体环保相关以外的特征讨论得较少，也尚未关注到工作组绿色倡导的情境感知对个人规范的作用。此外，尽管已有研究以个人规范解释了各类前因变量对个体亲环境行为的作用机制，但较少有研究将解释对象从亲环境行为范畴聚焦到工作场所的员工绿色行为。通过明晰公共服务动机、工作组绿色倡导感知对个人环保规范的激活效果，本研究探索了个人环保规范在公共服务动机、工作组绿色倡导感知和员工绿色行为之间的中介作用，从而丰富了员工绿色行为的中介机制研究。

第三，基于人—情境交互视角，本研究丰富了员工绿色行为的边界条件研究。目前对员工绿色行为调节变量的研究主要集中在个体和组织层面，且总体数量较少，而将个体和工作情境因素结合起来，探讨二者对行为改变交互作用的研究就更加缺乏。通过引入工作组绿色倡导感知这一重要的工作情境因素，本研究不仅说明了工作团队直接影响个体心理与行为的路径过程，还指出了工作组绿色倡导的边界作用，从而系统地考虑了个体和情境因素对员工绿色行为的交互影响，补充了员工绿色行为的边界机制研究。

(二)实践意义

本研究关注了激发公共部门中员工绿色行为的多种因素，从而为提升和强化公共部门雇员的员工绿色行为提供管理思路，并进一步有利于发挥公共部门雇员绿色行为对社会其他成员行为的引领示范作用，具体来说，包括以下三点：

首先，从动机角度对公共部门雇员绿色行为的前因变量进行研究，能够为公共部门内部不环保行为的管理难题提出长效的、根本的解决方案，这不仅能使公共部门雇员更加全面和主动地参与、响应公共部门环保政策的号召，主动实施员工绿色行为，还有利于形成长效机制，帮助公共部门摆脱内部“运动式”整治成本高、易反弹的弊端。

其次，从规范的角度解释公共部门雇员绿色行为的提升和强化机制，能够为提升公共部门雇员的个人环保规范提供有效建议，从而进一步强化员工绿色行为。有研究指出，通过向个体提供规范信息的方式来干预个体的环保行为，比起经济、技术方式来说是更加节约成本的方法，却少有使用规范这一方法来引导个体环保行为的实践。本研究将个人环保规范纳入研究框架，指出了个人环保规范对激发员工绿色行为的重要作用，从而为如何提升公共部门雇员的个人环保规范提出可行有效的管理建议。

最后，从助推(nudge)视角来看，要使公民能够自觉主动地参与到环保事业当中，就需要公共部门及其雇员率先行动起来，在公共服务过程中实施员工绿色行为。因为在公共服务过程中，公民不是被动地接受政府行为，而是会形成相应的或积极或消极的体验和评价，从而对政策的制定和执行产生相应的影响。所以，公共部门雇员在工作场所的员工绿色行为除了能够起到良好的示范效应以外，还能让公民在公共服务过程中形成积极的公民体验和评价，从而提升绿色环保政策的公信力，树立正面的公共部门形象，使环保政策渗透到每一个公民个体。因此，本研究的相关结论将有利于全社会绿色环保理念的深入宣传，帮助实现国家生态文明建设的各项目标。

第二节　文献综述

一、员工绿色行为

(一)员工绿色行为概念及测量

员工绿色行为最早是由 Ones 和 Dilchert[211]将广义的个体绿色行为引入

工作场所后发展出的概念，是指员工参与的促进环境可持续发展或阻止环境恶化的行为。在另一研究中，Ones 和 Dilchert 进一步指出了 EGB 与个体亲环境行为的区别，认为亲环境行为是完全基于个人主动性的意志行为，而员工绿色行为则一定程度上受到组织监督的影响，即使这些行为没有被组织或岗位职责所规定[27]。

也有学者将组织行为学中的组织公民行为聚焦到环保领域，从而发展出环保组织公民行为(Organizational Citizenship Behavior for the Environment, OCBE)的概念。它是指不被组织制度所奖励或要求的，旨在改善环境的员工主动实践。这一观点同个体亲环境行为一样，强调自愿性和自由裁量的特点，但它同时也强调了 OCBE 一定发生在组织内部的重要特征。

此外，有学者从亲环境行为角度出发，用员工亲环境行为的概念笼统概括员工在完成组织工作要求的过程中实施的所有环境友好行为，如回收纸张、双面印刷和节约资源等。由于这一概念过于笼统和模糊，导致大量学者将其与员工绿色行为和环保组织公民行为的概念不加区分地予以混用。

员工绿色行为的概念强调了个人意愿和组织规定对个体行为的双重影响，因此一般将 EGB 划分为任务型(task-related)和主动型(proactive)两个维度进行测量。其中，任务型员工绿色行为是指员工在完成被分配的工作任务时进行的绿色行为，而主动型员工绿色行为则是个体主动的、超出预期的环保行为，这类员工绿色行为并未被组织制度或绩效考核标准明确要求，是员工为了实现组织可持续发展而自发实施的绿色行为。基于对员工绿色行为的不同定义，这些量表大致可以划分为单一维度和二元维度两种类型。其中，单一维度量表仅关注员工的自发和主动的工作场所绿色行为，通过列举员工在工作场所中实施的环保行为进行评价，如 Robertson 等开发的 7 题项员工亲环境量表和 Graves 等开发的 13 题项量表。而在二元维度量表上，由于在员工绿色行为内涵维度定义上存在分歧，导致目前有两种二元维度量表，一种是将员工绿色行为划分为任务型和主动型，如 Bissing-Olson 等开发的 6 题项量表；另一种则将员工绿色行为划分为公域和私域两个维度，其中公域员工绿色行为是指员工在工作场所通过组织和人际互动实施的绿色行为（如公开言论、环境问题上诉等），私域员工绿色行为则是与员工工作生活相关的绿色行为（如节约办公室水电、保持清洁等）。这两种量表都得到了后续研究者的支持与使用。就本研究而言，由于在定义上基于 Ones 和 Dilchert 的研究规定了员工绿色行为受个体和组织双重影响的特征，因此将采用 Bissing-Olson 等开发的二维量表进行测量。

（二）员工绿色行为的相关研究

如何引导员工在工作场所中展现出绿色行为，是研究者们关注的焦点问题。已有研究从个体、领导、团队与组织四个层面对员工绿色行为的前因变量展开了较为丰富的讨论。

首先，对个体因素的探索较为丰富，包括人口统计变量、人格特质、个体规范和价值观、个体环保态度和意愿以及情绪等多个方面。在人口统计变量中，有学者从性别差异的角度进行了讨论，认为性别的社会化分工使得女性更多承担着与家庭相关的工作任务，所以女性的私域环保行为显著多于男性，即个体环保行为存在性别差异，还有元分析研究表明，与刻板印象相反，员工的年龄与其工作场所绿色行为之间存在着一定的正相关关系。在人格特质方面，Kim 等认为员工的人格特质能够影响员工思维方式从而进一步改变其行为，并以实证研究支持了员工尽责性与其绿色行为之间的正相关关系。在个体规范和价值观方面，研究者也关注了这二者对员工绿色行为的显著积极作用，尤其是有国内学者考虑了中国文化背景的特异性，将传统儒、法、道文化价值观与员工绿色行为联系起来，认为中国的传统文化价值观可以促进员工绿色行为的形成。此外，已有大量研究基于计划行为理论，并通过实证研究指出对环保事业的支持态度能够驱动员工绿色行为，从而说明了个体环保态度与员工绿色行为之间的关系。还有学者关注了员工情绪对其绿色行为的影响，如有研究者指出员工的两种积极情绪能分别对任务型和主动型员工绿色行为产生显著的积极影响。

其次，领导的风格与行为对下属行为的影响也是研究者们关注的重点。在领导风格方面，学者们多基于社会交换和社会认同理论，认为积极的领导风格，诸如变革型领导、责任型领导、伦理型领导等，能够强化员工的组织认同感并营造良好的组织环保氛围，从而进一步激发员工的工作场所绿色行为。在领导行为方面，学者们则主要基于社会学习理论，探讨领导在环保方面的模范行为对下属员工绿色行为的促进作用。

不过，当前讨论团队因素与员工绿色行为之间关系的研究还较少。已有研究关注了群体间相互影响与团队共同认知方面的作用。如 Carrico 和 Riemer 基于规范焦点理论，研究了同事间节能教育与劝说这一工作场所干预行为对员工节能行为的影响。

最后，研究者从组织层面开展了大量的讨论，主要包括两大类：一是硬性的组织制度、管理实践等，二是软性的组织文化、特定氛围等。其中，绿色人力资源管理实践与绿色心理氛围分别是这两大类中的研究热点。大多数研究将组织的绿色管理实践作为前因变量进行讨论，原因在于，组织的绿色管理实践能够营造良好的绿色氛围，并以此激发员工对环境问题的关心与支持，如彭坚等基于线索一致理论，讨论了绿色人力资源管理实践与绿色变革型领导对员工绿色行为的协同作用。而在绿色心理氛围上，大多数研究认为通过营造绿色心理氛围，能够使环保相关的领导行为和组织政策对员工绿色行为产生影响，如 Dumont 等基于供给—价值匹配理论，发现企业的绿色心理氛围能够促进员工角色外绿色行为的产生。

目前关注员工绿色行为结果变量的研究还较少，研究者们主要从对个体和组织两方面的积极作用展开讨论。从理论上来说，员工绿色行为可以使员工获得践行个人规范的心理满足感，激励他们进一步实施绿色行为。对组织来说，员工绿色行为有利于减少组织资源消耗，提升环境绩效[58]，如有实证研究表明员工的绿色行为有助于改善组织的环境绩效[59]。

二、工作组绿色倡导

(一)工作组绿色倡导的定义与测量

绿色倡导(Green Advocacy)是针对环保问题的一种影响力尝试。倡导者通过向其他成员提供丰富的信息来指导和激励他人参与到绿色行动中来，也即这一过程并不存在强迫性。Kim 等首次在工作团队中发展了工作组绿色倡导的概念，它是指团队中的一种集体影响行为，是团队为了鼓励其成员履行环保责任而在团队内部开展公开讨论环境可持续发展、分享环境保护知识、交流不同环保观点的活动。此外他还开发了工作组绿色倡导的 3 题项量表，并指出工作组层面的绿色倡导是通过聚合团队成员自我报告的绿色倡导水平得出，因此该量表也可用于测量个体的绿色倡导水平。其他研究也通过实证研究验证了这一量表的可靠性与有效性[86]。

(二)工作组绿色倡导的相关研究

尽管绿色倡导的研究还不多，但近年来这一概念逐渐受到环保行为领域的研究者的关注，根据倡导发起者的不同，研究者对组织内个体层面的员工绿色倡导和团队层面的工作组绿色倡导的相关变量进行了研究。

对员工绿色倡导的研究主要从领导和组织方面关注了影响员工绿色倡导水平的相关变量。其中在领导层面，研究者关注到了积极风格领导者对员工绿色环保行为的激励作用，如 Crucke 等通过实证研究发现，环保变革型领导能够通过强化员工对组织社会责任感与组织环保支持感，促使员工自发在组织中开展绿色倡导工作。刘欢鑫则发现道德型领导能够通过绿色倡导鼓励员工绿色行为的产生。而在组织因素方面，Cheng 等基于认知一致性理论，说明了组织绿色人力资源管理实践和组织支持对员工绿色行为的交互影响作用。

不过，当前国内学界对工作组绿色倡导的研究还比较匮乏。国外学界研究稍强，如 Kim 等的研究不仅提出了工作组绿色倡导的概念及测量，还通过实证研究发现了团队成员的尽责性、道德反思水平、工作组绿色倡导对员工主动型绿色行为的正向相关关系。

三、个人环保规范

（一）个人环保规范的定义

个人规范(Personal Norms，PN)是个体行为准则和规范的总和，是个体要求自己“正确行事”的道德责任感，其主观体验是一种道德义务感，或者说是个体认为自己应该以特定方式行事的感觉。将个人规范进一步聚焦到环保领域，就成为个人环保规范(Personal Pro-Environmental Norms，PPEN)，也即个体有关践行环保行为的道德责任感。

（二）个人环保规范的相关研究

最初，为了研究个体帮助行为和利他行为的产生原因，研究者提出了个人规范这一概念。研究发现，当个体遵循个人规范实施具体行为时，会因其实际行为与自身道德规范保持一致而产生满足、愉悦与自豪的感受，进而产生对自我的肯定；而当行为违反其个人道德规范时，内心就可能会出现内疚感和负罪感，进而导致自我否定；因此个体会遵循自身的道德规范做出行动决策，从而影响其帮助行为的产生。

由于个人规范是个体行动的全部行为准则，因此后续研究大多将个人规范聚焦到其某一方面对特定行为的影响上。在个体亲环境行为研究中就发现个人在环保方面的规范能够有效预测包括员工绿色行为在内的多种环保意愿和行为，如绿色购买、节能行为、环境治理参与等，原因在于个体亲环境行为是一种利他行为，其本身具有一定的道德公益性，所以个人在环保方面的道德规范也能够促成个体环保意愿和行为的产生。

随着个人环保规范的重要意义被逐步发现，如何激发个人环保规范也成为关注热点。由于个人环保规范是个体有关环保的一种道德责任感，因此个体的环保相关特质与它存在着千丝万缕的相关关系，如有学者基于价值—信念—规范理论指出了个体环保价值观、环保信念对个人环保规范的正向预测作用。此外，有大量研究基于规范激活理论模型，验证了结果意识、责任归属对个人规范的预测作用。许多学者还根据 Schwartz 对社会规范与个人规范之间联系的具体论述，认为社会规范不仅能在个人规范失效时补充影响个体行为，还能够进一步内化为个人环保规范[98]，从而将计划行为理论与规范激活理论相结合，提出了融合社会规范的研究框架，以更好地解释规范对个体行为的影响。

四、现有研究述评

通过对本研究中关键变量的系统梳理，可以发现当前仍存在以下几点不足。

首先，目前的员工绿色行为研究已经从个体、领导和组织层面展开了相当丰富的前因探索，但尚有三点不足：一是国内外员工绿色行为研究基本都在企业中展开，只有极少数以公共部门为背景开展研究。而本研究认为，由于公共部门的非营利性及其行为引发的社会示范效应，在当前我国建设绿色环保新型社会背景下，关注雇员的绿色行为是题中应有之义。因此，有必要限定公共部门的研究背景开展员工绿色行为研究。二是由于相似概念较多，学界尚未就员工绿色行为的概念与维度内涵达成一致意见，这导致员工绿色行为研究在出发点和理论视角上呈现较为繁杂的多领域相交态势，不利于后续研究的开展。本研究通过系统梳理文献，确定了员工绿色行为的二元定义，即它是员工由于个人意愿或组织规定，将其个体亲环境行为扩展至工作过程和场所中实施的绿色行为，对它的测量应采用任务型和主动型员工绿色行为的两维度结构。三是尽管当前员工绿色行为前因研究关注了诸如组织环保支持、组织绿色管理实践等制度情境对员工绿色行为的影响，但是关注到团队层面情境因素作用的研究还相当缺乏，更少有研究关注到团队情境作为一种背景因素，是能够通过直接作用和同个体特质交互作用的两条路径影响员工绿色行为的。因此，有必要从团队情境及其与个体特质交互作用的视角出发，进一步研究激发和强化公共部门雇员绿色行为的影响因素与其中的作用机制。

其次，学界对公共服务动机的研究已经比较深入和透彻。尽管其定义与测量工具仍在发展和丰富过程中，但在概念内涵上学界普遍认可了公共服务动机的“利他”内核，且各种不同文化下开发的测量工具都经过了大量的实证研究检验，均显示出了良好的信效度。在相关研究方面，公共服务动机的前因和结果变量研究仍在持续增长，国内外学者从个体、领导和组织层面对公共服务动机的前因研究展开了丰富而全面的讨论，而在结果变量上尤其关注了公共服务动机对公共部门雇员工作行为的积极影响。但是，由于尚未意识到员工绿色行为同员工工作绩效之间的潜在联系，现有的公共服务动机研究并没有关注到公共部门员工的 PSM 很可能同样对其员工绿色行为有着良好的积极预测作用。同时，在当前我国大力开展绿色公共组织建设的背景下，有必要关注是何种营利动机以外的因素驱使着我国的公共部门员工在工作场所实施绿色行为。综合上述研究不足和现实需要，本研究认为有必要将公共部门雇员的本质性特征——公共服务动机同其绿色行为联系起来，并通过进一步的实证研究对这一关系开展充分的检验与讨论。

再次，在公共部门中，大多数的复杂治理任务都需要组建工作组去完成，因此工作团队情境对公共部门员工行为的改变与塑造可能具有较大影响。尽管当前已有研究从工作组绿色倡导出发研究了团队情境对员工绿色行为的影响，但相关研究还非常匮乏，数量极少，导致对工作组绿色倡导影响员工绿色行为的作用机制讨论很不全面。此外，已有研究仅仅将工作组绿色倡导感知作为一种直接的影响因素讨论其对员工绿色行为的积极作用，没有讨论其作为情境因素调节其他变量对员工绿色行为影响过程的边界作用。由此，本研究认为需要进一步讨论工作组绿色倡导感知影响员工绿色行为的双重路径。

最后，由于个人环保规范能够有效解释和预测个体的多种亲环境意愿和行为，大量研究都基于规范激活理论指出了其对员工绿色行为的积极作用，但这同时也导致使用个人环保规范作为中介机制的研究大多限制于规范激活理论的框架，在个体因素上只考虑个体环保特质、结果意识和责任归属对个人环保规范的影响，没有考虑到其他亲社会动机也能通过个体环保道德的塑造作用提升员工绿色行为，如公共服务动机的影响。而在情境因素方面，不仅研究数量较少，在研究内容上也大多仅关注了社会规范对个人环保规范的强制补充作用，未能关注到“倡导”这一社会影响力对个人规范潜移默化的作用。因此，有必要进一步研究个人环保规范作为中介机制是如何解释和说明员工绿色行为的产生过程的。

综合以上对关键变量相关研究的回顾，可以看到在如何激发和强化公共部门雇员绿色行为的研究问题上，不仅需要关注公共部门雇员区别于私人部门员工的个体特质的影响，还要加强对团队情境双重影响路径的研究与讨论。由此，本研究将基于规范激活理论和人—情境交互视角，提出影响员工绿色行为的一个四因子模型。

第三节　理论基础与研究假设

一、理论基础

（一）规范激活理论

最初，为了探索个体实施利他和帮助行为的原因，Schwartz[212]提出了规范激活理论，这一理论由此成为社会心理学领域解释个体行动原因的经典理论。随着后续研究的不断拓展与细化，其在个体环保行为研究中的预测力和解释力也得到了充分的认可。

Schwartz在该理论中阐述了以下两个核心观点：首先，在面临利他行为决策时，个体一般遵循其个人规范行动；其次，个人规范的激活有两个先决条件：一是结果意识（Awareness of Consequences，AC），即个体必须意识到他将要实施的行为会对他人的福祉产生影响；二是责任归属（Ascription of Responsibility，AR），即个体必须感觉到自己有能力控制这些行为及其产生的后果，也即对这些行为负有一定程度的个人责任。图 6-1 直观描绘了规范激活理论的基本模型。

不过，Schwartz 也指出，即使在满足了这两个先决条件的情况下，个人规范还是有可能不被激活。原因在于，当个体实施符合自身规范的行为需要成本(例如疼痛、时间、损失、疾病风险)时，这些成本将中和不履行个人规范给个体带来的内疚感与自我批评感，从而使其有动机不遵守这些规范以避免成本支出。当这种中和情况出现时，除非应对外部压力，否则个体不太可能提供利他行为。因此，有必要将个体感知到的社会压力情境纳入考虑之中。

图 6-1 规范激活理论模型

(二)人—情境交互视角

最早的心理行为学理论(如特质理论、心理动力学理论)在研究个体特质、自我概念、动机等个体特征与个体行为的关系时，都将个体特征假设为一种稳定且连续的状态，从而将情境对个体特征的影响排除在外。直到 1968 年，Mischel[213]对这种倾向提出了挑战，认为在不同的情境下，个体特征并非稳定一致的，并提出在探索个体行为改变原因的过程中，应当考虑个体特征与情境的交互作用。这一观点引起了心理学家的广泛关注，他们试图从跨情境视角讨论个体特征和行为之间关系的连续性与一致性。

当前，已有少量学者将这一视角应用于个体环保行为研究中，关注个体特征和情境的交互影响。如 Moussaoui 等[214]通过在电脑屏幕上显示节电提示的实验方式，设置了两种不同的节能情境，从而发现高环保态度的被试者在有节电提示的情况下表现出了更多的节能行为；但该研究也发现，当没有节电提示时，不论被试者环保态度水平高低，都没有执行关闭屏幕的节能操作。该研究认为，就好比爬山时的坡度对每个人的阻碍都是相同的，这种实验结果也是由于该情境对每一个体的影响都是相同的，也即情境只存在对节能行为的直接激发作用。但本研究认为，在高度集体主义文化背景的中国情境下，中国公共部门雇员所处团队情境将很大程度上影响着个体特征与行为的关系，因而有必要继续基于人—情境交互视角再次对个体特征和情境的交互作用进行检验。

二、公共服务动机、工作组绿色倡导感知与员工绿色行为

公共服务动机能够驱使个体为追求自身社会价值的实现而实施利他的公共服务行动，因此它不仅是个体对公共组织动机和目标做出反应的过程，更是一种发自内心地愿意为公共事业付出的利他动机，这一动机源于公职人员对服务大众精神的高尚追求和甘愿为社会公益牺牲的利他精神[39]。所以，公共服务动机能够从以下两方面对公职人员的绿色行为产生影响：

一方面，从个体利他行动的充分条件来说，公共服务动机将使个体产生在公共服务中实现个人价值的需求，高 PSM 水平的公职人员为社会事务做出贡献的愿望较大。因而在当前国家大力进行生态文明建设的背景下，高 PSM 水平群体能够更加灵敏地意识到环保行动对他人及社会可持续发展的重要意义，并为了满足自身服务社会的愿望，愿意从自身做起，在行动上积极响应公共组织的环保动机，从而激发其绿色行为；反之，对较低 PSM 水平的公职人员来说，他们并没有这样强烈的公共服务愿望，因此可能在琐碎的社会管理事务中忽视组织的环保要求，也就难以兼顾绿色行为的实施。另一方面，从个体利他行动的必要条件来说，较高的 PSM 水平意味着即使需要个体付出额外的代价，个体也愿意为组织和社会的发展进步奉献力量[215]，这样的社会奉献精神也能够促使高 PSM 个体响应组织和社会对美好生活环境的诉求，实施包括绿色行为在内的一系列利他行为。总

之，PSM 能够使公职人员不仅为了满足自身实现社会价值的愿望，还为了组织和社会公众的诉求去实施 EGB。由此，本研究提出以下假设：

H1：公职人员的公共服务动机与其绿色行为正相关。

工作组绿色倡导感知是个体对团队鼓励和支持其成员履行环保责任程度的一种感知。本研究认为，工作组绿色倡导感知是帮助个体跨越价值观—行动鸿沟而实施员工绿色行为的重要因素。价值观—行动鸿沟是指个体知道什么是“正确的做法”而难以将其付诸行动的现象。有研究指出，个体环保意愿到实施环保行为之间需要跨越的三个障碍分别是：(1)个体对该环保议题的态度差异，如缺乏兴趣；(2)个体的责任心，如个体认为环保这件事应由其他组织来做，与自己无关；(3)缺乏时间、信息、金钱、鼓励或环保设施等现实条件[216,217]。工作组绿色倡导感知则能够很好地解决这三个问题。当个体感知到较高的 WGGA 水平时，代表团队内的成员会在工作场所讨论与共享环保相关信息，以鼓励团队内其他成员实施环保行为。这种团队内社交互动不仅能够增强个体对环保议题的兴趣，还有利于增强公职人员的环保责任心，并通过提供精神鼓励、环保知识信息和共同分担实施员工绿色行为的时间和精力成本等支持方式，帮助其成员跨越行动障碍，在工作场所实施员工绿色行为。简单来说，就是工作组绿色倡导能够为公职人员在工作场所实施绿色行为扫清障碍，从而激发员工绿色行为的产生。基于此，本研究提出以下假设：

H2：公职人员的工作组绿色倡导感知与其绿色行为正相关。

三、个人环保规范与员工绿色行为

根据规范激活理论，个人环保规范是个体对自己应当采取环保行动的一种道德义务感，当个体违背个人环保规范时，将为个体带来自我批评和失去自尊的感受，因此个人环保规范直接影响着个体绿色行为的产生[218]。具体而言，当个体拥有较高的个人环保规范水平时，意味着个体清楚地知道自己有义务实施绿色行为，并倾向于遵从其个人环保规范，执行相应的环保行为。作为由员工在工作场所实施的一种环保行为，员工绿色行为本质上属于个体亲环境行为的范畴，因此个人环保规范也直接影响着公职人员在工作场所的绿色行为。以往的研究也支持这一理论假设[219]，如 Blok 等[220]就以大学为背景，研究了大学博士与教授在工作场所的绿色行为，这一研究表明，个体的环保规范不仅能够通过强化行为意愿来激发环保行为，还能直接导向个人环保行为的产生，从而证实了个人环保规范与个体亲环境行为之间的正相关关系。由此，本研究提出以下假设：

H3：公职人员的个人环保规范与其绿色行为正相关。

四、个人环保规范的中介作用

根据规范激活理论，当个体意识到其行动的结果会给他人造成影响，并且意识到自己需要对这种影响负责时，其与行为相关的个人规范将被激活，并进一步激励个体实施与规范相符的行为[221]；此外，从规范被激活到行为的最终实施过程还需要个体克服行为本身带来的阻碍。基于这一理论前提，本研究认为公共服务动机能够有效激活个人环保规范，并进一步促成由规范到行为的转变。

一方面，从满足激活个体环保规范的必要条件来看，高 PSM 的个体有着较高水平的同理心和同情心，这代表他们善于换位思考，也即在遇到环境问题带来人员和物种伤害现象时，他们更能够感同身受，认识到当前的环境问题对他人和子孙后代产生持续的不良影响，因此高 PSM 能够有效激活个人环保规范。另一方面，从促成规范到行为的转变角度来看，较高的 PSM 水平说明个体的自我牺牲水平较高，也即个体愿意为了他人福祉付出额外代价，具体到员工绿色行为，就是个体愿意在兼顾本职工作的同时不惜时间和精力，采取绿色环保的精细而非粗放的工作方法，这为从规范到行为的转变提供了充分条件。

综合上述说明可知，当公职人员的公共服务动机水平较高时，其个人环保规范能够被充分激活并进一步激发其绿色行为的产生。基于此，本研究提出以下假设：

H4a：公职人员的公共服务动机与其个人环保规范正相关。

H4b：公职人员的个人环保规范在公共服务动机与员工绿色行为之间起中介作用。

规范激活理论已经指出，当遇到个人规范被行为成本和难度所中和的情况时，需要将个体置于外部情境压力之下，以使个体愿意实施相应的行为，这一影响过程的原因在于，个体为了获得外部社会的支持，会自觉不自觉地去感知周围人对某一行为的看法以调整个人规范与行为。因此，当个体感知到他所感兴趣的团体支持并期望某种特定行为产生时，个体就会将这种期望内化为个人规范；一旦成功内化，个体就会出于避免自我批评、维护自我评价的目的而倾向于执行这一行为[212]。

在这一理论基础上，本研究认为公职人员对工作组绿色倡导的情境感知将有利于激活个人环保规范，并能防止它被行为成本和难度所中和，进一步激发其绿色行为。具体而言，公职人员会自觉不自觉地跟随团队倡导调整自己在工作场所的行为，因此当其所在工作组通过日常交流环保议题表达出对环保行为的较高期望和支持时，为了获得工作组其他成员的认可和支持，公职人员将主动增加对环保事项的关心与了解，这将有利于个体把这些期望和支持内化为个人环保规范，并进一步倾向于在工作场所实施员工绿色行为。基于此，本研究提出以下假设：

H5a：公职人员的工作组绿色倡导感知与其个人环保规范正相关。

H5b：公职人员的个人环保规范在工作组绿色倡导感知与员工绿色行为之间起中介作用。

五、工作组绿色倡导感知的调节作用

从人—情境交互视角来看，个体特征和行为之间的相关关系并非是一成不变的，原因在于个体的心理因素和行为会受到所处环境中诸如其他成员的行为和态度、组织管理政策等众多条件的影响。当个体处于不同的情境条件下时，基于对环境适应性的追求，个体希望能够得到社会的认可或接受，所以会遵循多数人的行为、准则与总体氛围以减少被社会和群体孤立的风险。例如 Ybarra 和 Trafimow[222]研究发现在集体主义背景中，人们更容易受到集体价值观的影响，并做出迎合集体的观念和规则的行动。在环保研究领域，也有一些学者考虑到了情境因素的调节作用，郭清卉等就将社会规范作为情境因素考察其对个人规范和农户亲环境行为关系的边界作用，并通过实证研究支持了这一结论。

因此，作为公职人员在工作中最主要的情境因素，工作组对员工的影响不可忽视。本研究认为，在不同水平的工作组绿色倡导情境中，公职人员公共服务动机对个人环保规范的提升和激活作用将发生改变。具体说来，当个体感知到较高水平的 WGGA 时，说明团队内成员除了对环境保护的关切程度较高以外，还会敦促他人实施绿色行为，这使个体更能感受到团队内的绿色导向和压力，进一步将其为社会公众服务的利他动机细化到环保领域，去主动获取有关公共部门组织内部环保政策和条例的相关信息，从而激活其个人环保规范；反之，在低 WGGA 情境中，PSM 与个人环保规范之间的相关关系将被弱化，因为即使是高 PSM 水平的个体也可能由于缺少绿色情境的刺激而无法激活其个人环保规范。简而言之，对工作组绿色倡导的感知能够使公职人员感受到不同的绿色情境压力，高工作组绿色倡导感知可能会强化公共服务动机对个人环保规范的激活作用，反之则弱化。由此，本研究提出以下假设：

H6：工作组绿色倡导感知正向调节公共服务动机对个人环保规范的影响。即，当工作组绿色倡导水平较高时，公共服务动机对个人环保规范的激活作用将强化，反正则弱化。

综合以上分析，本研究进一步认为工作组绿色倡导感知不仅会调节公职人员公共服务动机与个人环保规范之间的关系，还可能会影响公共服务动机通过个人环保规范影响员工绿色行为的中介作用。具体而言，当公职人员感知到高水平的 WGGA 时，由于意识到工作组成员对工作场所绿色行为的关心，公职人员的公共服务动机将能够更有效地激活其个人环保规范并进一步激发绿色行为；反之，公职人员的公共服务动机对个人环保规范的激活作用将被弱化，并进一步弱化个人环保规范对员工绿色行为的积极作用。由此，本研究提出以下假设：

H7：工作组绿色倡导感知正向调节个人环保规范在公共服务动机和员工绿色行为之间的中介作用。具体而言，当工作组绿色倡导水平较高时，个人环保规范在公共服务动机与员工绿色行为之间的中介作用将被强化。

基于上述研究假设推导，本研究提出如图 6-2 所示的假设模型。

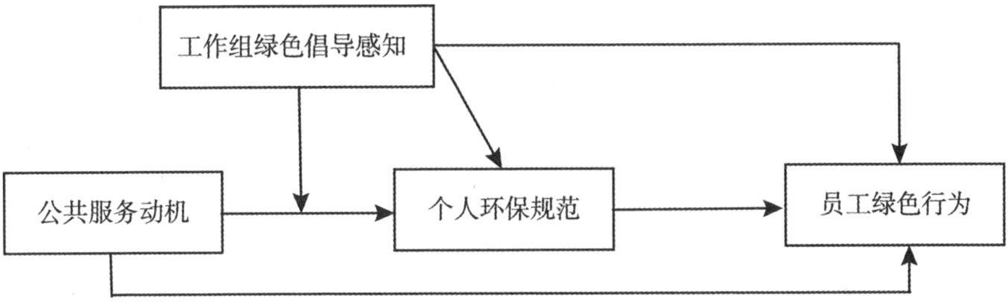

图 6-2　本研究假设模型

第四节　研究设计

一、研究样本与程序

由于公共部门的范围在不同体制背景下有所区别，因此有必要在此对我国公共部门的内涵及组成部分做出明确的说明与界定。一般而言，公共部门是指受到公共监管和公共财政补助的部门，包括那些部分或完全归国家所有的经济部门。在我国，公共部门则是指负责提供公共产品或进行公共管理，致力于增进公共利益的各种组织和机构，它包含行政机构、公共服务组织和国有企业三种主要类型。因此，本研究所指公共部门雇员，是在我国公共部门工作的，与我国公共部门存在稳定劳动关系的员工，范围包含有公务员、事业单位员工和国企员工等多种员工类型。

为防止统计方法偏差对研究结果的准确性与可靠性带来影响，本研究采用团队负责人与成员配对的方法进行取样。数据采集过程由研究者与各公共部门团队的负责人合作开展。研究者首先通过面谈、电话或电子邮件的方式，就本次研究的目的与过程和各团队的负责人进行沟通，并告知本次调查为匿名调查，仅供学术研究之用，会对答题情况严格保密。在征得团队负责人与其团队成员的同意后，向团队负责人发放员工绿色行为问卷，请负责人对各团队成员的绿色行为进行评价，而成员则单独填答公共服务动机、个人环保规范和工作组绿色倡导感知问卷，最后由研究者依据问卷编号将被测试的填答情况进行配对合并。

本次问卷调查共向来自武汉、鄂州、深圳等地的30个公共部门工作团队，包括公务员、事业单位员工和国企员工等多种类型在内的225名公职人员发放了问卷，最终得到有效配对样本204份，有效回收率为90.67%。

样本人口统计特征描述结果如表6-1所示。其中，男性109名(53.43%)；平均年龄33.11岁(SD=8.54)；平均公共部门工龄8.80年(SD=9.26)；本研究样本中有126人已婚，占比61.76%；同时，本研究中有154人为公务员或事业单位员工，国企员工仅占25.41%；在政治面貌上，中共党员(58.33%)和群众(27.94%)占比较高；另外，有166人具有本科以上学历，占比81.37%。

表6-1　**样本人口统计特征**

人口统计特征	赋值	数值含义	人数	百分比
性别	1	男	109	53.43%
	2	女	95	46.57%
年龄	1	25岁及以下	30	14.71%
	2	26~35岁	118	57.84%
	3	36~45岁	30	14.71%
	4	46岁及以上	26	12.75%
婚姻状况	1	未婚	78	38.24%
	2	已婚	126	61.76%

续表

人口统计特征	赋值	数值含义	人数	百分比
公共部门工龄	1	5 年及以下	108	52.94%
	2	6~10 年	47	23.04%
	3	11~15 年	13	6.37%
	4	16 年及以上	36	17.65%
是否国企员工	0	非国企员工	154	75.49%
	1	国企员工	50	24.51%
政治面貌	1	中共党员	119	58.33%
	2	共青团员	27	13.24%
	3	民主党派	0	0.00%
	4	无党派人士	4	1.96%
	5	群众	57	27.94%
学历	1	大专及以下	38	18.63%
	2	本科	113	55.39%
	3	硕士	52	25.49%
	4	博士	1	0.49%

二、测量工具

为了保证量表具有良好的信效度，本研究通过对关键变量已有量表的梳理，选取了被国内外学者引用较多的成熟量表，由于本研究量表均来源于英文期刊，因此本研究首先通过翻译和回译确保量表的等效性，并采纳了课题组导师对题项表述内容和方式提出的修改意见。各变量均采用李克特五点量表计分，其中，1 表示对该题项说法“完全不同意”，5 表示对该题项说法“完全同意”。

员工绿色行为的测量。本研究采用 Bissing Olson 等[223]开发的员工绿色行为量表对员工绿色行为进行测量，包括任务相关型绿色行为和主动型绿色行为两维度在内的6个题项，任务相关型绿色行为题项如“他以环保的方式充分履行了分配给他的任务”，主动型绿色行为题项如“他在工作中为环保做的事情比他应当做的更多”等。

公共服务动机的测量。本研究采用Kim等开发的跨文化公共服务动机量表[15]，该量表由多国学者共同开发，并显示出了跨文化背景的良好信效度，从而获得了后续研究者的广泛支持与应用。该量表包括公共服务吸引力(APS)、公共价值承诺(CPV)、同情心(COM)和自我牺牲(SS)这四个维度的16个题项，其中，APS维度的代表题项如“对我而言，为社会公益作贡献很重要”，CPV维度的代表题项如“我认为保证公民可以享有可持续的公共服务供给很重要”，COM维度代表题项如“我同情弱势群体的困境”，SS维度代表题项如“我愿意冒个人损失的风险来帮助社会”等。

工作组绿色倡导感知的测量。本研究采用Kim等开发的绿色倡导量表[210]，该量表已被多个国内研究者采用，均显示出良好的信效度。该量表包括3个题项，通过改变题项人称表述方式，测量个体对工作组绿色倡导水平的感知，题项如“团队其他成员试图说服我在工作场所减少、再利用和回收办公用品”“团队其他成员与我分享防止在工作中造成污染的知识、信息和建议”等。

个人环保规范的测量。对个人环保规范的测量采用Lopes等使用的个人节能规范量表[224]，用“环保行为”对原量表中的“节能”表述进行了替换。包括3个题项，如“为了给环境改善作贡献，我承诺会践行环保行为”“我会为没有在单位采取环保行为而感到内疚”等。

控制变量的选择。Katz等[208]对员工绿色行为相关因素的元分析指出，个体年龄、工龄、学历等人口统计变量均能导致个体在员工绿色行为方面的显著差异；此外，尽管我国的国企员工由于受到国家间接监督和管辖而被纳入公职人员范畴，但他们的工作内容与性质同国家机关、事业单位工作的公职人员之间仍存在一定的差异，因此有必要对这一因素进行控制。综上所述，本研究拟将性别、年龄、公共部门工龄、婚姻状况、学历和是否国企员工纳入控制变量之中，以避免它们对研究结果的影响。

三、量表信度和效度检验

（一）量表信度检验

信度检验是对量表各题项的内部一致性进行检验。本研究使用 SPSS 26.0 软件中的可靠性分析输出的 Cronbach's α 值对各量表信度进行逐一判断，Cronbach's α 值的范围在 0~1 之间，当 Cronbach's α 值大于 0.9 时，表明量表信度非常理想；若 Cronbach's α 值小于 0.6，说明该量表缺乏信度，需要重新设计和修订。表 6-2 列出了问卷量表及其分维度的 Cronbach's α 值。可以看出，员工绿色行为、公共服务动机、工作组绿色倡导感知和个人环保规范量表在本研究中的信度均达到可接受标准，其 Cronbach's α 值分别为 0.885、0.911、0.794、0.600；此外，本套问卷整体信度达到了 0.936，说明问卷整体信度非常好。

表 6-2　　**各量表及其分维度的 Cronbach's α 值**

量表	维度	题项数量	分维度 Cronbach's α	单量表 Cronbach's α	问卷总体 Cronbach's α
员工绿色行为	T-re	3	0.908	0.885	0.936
	Pro	3	0.788		
公共服务动机	APS	4	0.863	0.911	
	CPV	4	0.816		
	COM	4	0.836		
	SS	4	0.859		
工作组绿色倡导感知	—	3	—	0.794	
个人环保规范	—	3	—	0.600	

注：T-re 表示任务型绿色行为；Pro 表示主动型绿色行为；

APS 表示公共服务吸引力；CPV 表示公共价值承诺；COM 表示同情心；SS 表示自我牺牲。

量表的效度是判断量表题项是否能够反映同一个理论的研究标准，即检验理论上归属于同一概念或维度的所有条目是否能够形成一个提取方差比率最大的共同因子，从而衡量该量表是否可以清楚表达和概念化该维度的内涵。本研究首先使用 SPSS 26.0 对各量表进行因子分析，通过 KMO 值、Bartlett's 球度检验和因子提取累积方差解释率进行判断。其中，Bartlett's 球度检验 p 值小于 0.01 时，代表该量表在统计上具有显著性；KMO 值则是问卷进行因子分析的先验指标，当 KMO 值大于 0.90 时表明问卷非常适宜做因子分析，小于 0.5 时表明该量表效度不佳[121]；因子提取累积方差解释率需要大于 50%，否则说明该量表效度不佳。表 6-3 给出了各量表因子分析结果。

由表 6-3 可知，首先，各量表 Bartlett's 球度检验 p 值小于 0.01，表明各量表具备统计显著性。其次，员工绿色行为、公共服务动机、个人环保规范和工作组绿色倡导感知量表的 KMO 值分别为 0.853、0.903、0.604、0.675，均达到可接受范围。最后，所有量表的因子提取累积方差解释率均大于 50%。综上可知，本研究所采用量表的效度均符合研究要求。

表 6-3 **各量表探索性因子分析**

量表	KMO 值	Bartlett's 球度检验			累积方差解释率(%)
		χ^2	df	sig	
员工绿色行为	0.853	719.935	15	0.000	78.273
公共服务动机	0.903	1812.387	120	0.000	70.485
个人环保规范	0.604	71.978	3	0.000	56.493
工作组绿色倡导感知	0.675	208.319	3	0.000	71.527

本研究进一步使用 AMOS 26.0 对题项数量大于 3 的员工绿色行为和公共服务动机量表的结构效度进行验证性因子分析，结果如表 6-4 所示，本研究根据 χ^2/df、RMSEA、GFI、NFI、IFI 、TLI 和 CFI 这 7 个指标对各量

表的结构效度进行判断。由表 6-4 可知，员工绿色行为和公共服务动机量表的 χ^2/df 值均小于 3；RMSEA 均小于 0.01；GFI、NFI、IFI、TLI 和 CFI 的值均大于 0.9，说明员工绿色行为和公共服务动机量表的结构效度较为理想。

综上，本研究所使用的量表均达到研究要求，具有良好的信度和效度。本研究使用的完整问卷详见附录二。

表 6-4　　各量表验证性因子分析

模型	χ^2/df	RMSEA	GFI	NFI	IFI	TLI	CFI
员工绿色行为	2.933	0.098	0.962	0.968	0.979	0.959	0.978
公共服务动机	1.934	0.068	0.901	0.901	0.949	0.936	0.949

（二）变量区分效度检验

为判断本研究假设模型的区分效度，本研究使用 AMOS 26.0 构建因子模型，通过对不同模型的拟合指数进行比较，以判断各变量之间的区分效度，具体情况如表 6-5 所示。可以看出，四因子模型拟合度显著高于其他模型（$\chi^2/df = 1.771$，$RMSEA = 0.062$，$IFI = 0.958$，$TLI = 0.944$，$CFI = 0.957$），说明这 4 个变量具有良好的区分效度，彼此之间相互独立，即四因子模型是开展后续实证研究的最适合假设模型。

表 6-5　　区分效度检验

模型	χ^2	df	χ^2/df	RMSEA	IFI	TLI	CFI	$\Delta\chi^2/\Delta df$
四因子	162.961	92	1.771	0.062	0.958	0.944	0.957	
三因子[a]	271.169	99	2.739	0.093	0.898	0.875	0.897	15.458^{***}

续表

模型	χ^2	df	χ^2/df	RMSEA	IFI	TLI	CFI	$\Delta\chi^2/\Delta df$
二因子[b]	386.973	103	3.757	0.117	0.831	0.802	0.830	20.365***
单因子[c]	475.332	104	4.571	0.133	0.779	0.743	0.777	26.031***

注：[a]将公共服务动机和工作组绿色倡导感知合并为一个因子；

[b]将公共服务动机、工作组绿色倡导感知和个人环保规范合并为一个因子；

[c]将所有因子合并为一个因子。

第五节　数据分析与假设检验

一、相关性分析与共线性检验

本研究通过相关性分析初步判断各关键变量之间的相关关系。具体来说，即采用 SPSS 26.0 中的相关性分析输出 Pearson 系数，并依据系数大小和显著性进行判断。表 6-6 对本研究中的所有变量的均值、方差和相关系数进行了详细描述。

由表 6-6 可知，除性别和是否国企员工以外，所有变量都与员工绿色行为之间有着显著的相关关系。首先，公共服务动机（$r=0.638$，$p<0.01$）、个人环保规范（$r=0.588$，$p<0.01$）、工作组绿色倡导感知（$r=0.594$，$p<0.01$）与员工绿色行为显著正相关。其次，公共服务动机（$r=0.529$，$p<0.01$）和工作组绿色倡导感知（$r=0.406$，$p<0.01$）与个人环保规范显著正相关。此外，相关性分析还显示出多个人口统计变量与个人环保规范、员工绿色行为之间的显著相关性，表明在后续的回归分析中，需要进一步控制人口统计变量的影响。

表 6-6　　**相关性分析**

	1	2	3	4	5	6	7	8	9	10
性别										
年龄	0.009									
公共部门工龄	-0.037	**0.814***								
婚姻状况	0.010	**0.554****	**0.518****							
是否国企员工	-0.006	**0.269****	**0.308****	**0.261****						
学历	-0.079	**-0.466****	**-0.469****	**-0.248****	**-0.337****					
公共服务动机	**0.142***	**0.237****	**0.163***	0.125	0.072	**-0.155****	(**0.911**)			
个人环保规范	0.015	**0.285****	**0.242****	**0.198****	0.031	**-0.205****	**0.529****	(**0.600**)		
工作组绿色倡导感知	**0.161***	**0.260****	**0.178***	**0.347****	0.101	**-0.271****	**0.530****	**0.406****	(**0.794**)	
员工绿色行为	0.115	**0.286****	**0.209****	**0.304****	0.085	**-0.192****	**0.638****	**0.588****	**0.594****	(**0.885**)
Mean	1.47	2.25	1.89	1.65	0.25	2.08	4.25	3.93	3.96	4.07
SD	0.50	0.86	1.14	0.51	0.43	0.68	0.52	0.68	0.89	0.69

注：** 表示 $p<0.01$，* 表示 $p<0.05$，对角线括号加粗数值为内部一致性系数。

进一步，由于公共服务动机与员工绿色行为之间的相关系数大于0.6，本研究对各变量进行共线性分析，以防止多重共线性。如表6-7所示，所有变量的方差膨胀系数均小于5，且条件指数均小于30，表明不存在共线性问题。

表6-7 共线性诊断

	容忍度	VIF	CI
公共服务动机	0.601	1.664	12.014
工作组绿色倡导感知	0.697	1.435	16.124
个人环保规范	0.698	1.432	25.162

注：VIF为方差膨胀系数；
CI为条件指数。

二、主效应与中介效应检验

本研究使用SPSS 26.0进行层级回归分析，以考察员工绿色行为与相关变量的关系并对研究假设进行检验。为更严谨地验证个人环保规范的中介作用，本研究使用Hayes开发的Process4.0中预设的中介效应Model 4进行Bootstrap法抽样5000次，以对中介路径整体进行检验。回归分析结果如表6-8所示，Bootstrap法抽样后的中介效应分析结果如表6-9所示。

（一）公共服务动机、个人环保规范与员工绿色行为

从表6-8可以看到，在受到性别、年龄、公共部门工龄、婚姻状况、学历和是否国企员工等变量的影响后，公共服务动机（$\beta=0.598$，$p<0.001$）、个人环保规范（$\beta=0.542$，$p<0.001$）显著正向影响员工绿色行为，且公共服务动机（$\beta=0.497$，$p<0.001$）显著正向影响个人环保规范，H1、H3、H4a得到验证。

表 6-8 回归分析结果

	个人环保规范					员工绿色行为					
	模型 1	模型 2	模型 3	模型 4	模型 5	模型 6	模型 7	模型 8	模型 9	模型 10	模型 11
	β(t)	β(t)	β(t)	β(t)	β(t)	β(t)	β(t)	β(t)	β(t)	β(t)	β(t)
性别	0. 002	−0. 063	−0. 047	−0. 073	−0. 069	0. 100	0. 021	0. 027	0. 098	0. 041	0. 047
	(0. 036)	(−1. 055)	(−0. 726)	(−1. 224)	(−1. 169)	(1. 489)	(0. 387)	(0. 475)	(1. 760)	(0. 816)	(0. 910)
年龄	0. 208	0. 068	0. 152	0. 066	0. 012	0. 221	0. 052	0. 140	0. 108	0. 031	0. 077
	(1. 694)	(0. 628)	(1. 316)	(0. 612)	(0. 113)	(0. 067)	(0. 545)	(1. 359)	(1. 072)	(0. 341)	(0. 840)
公共部门工龄	0. 007	0. 050	0. 080	0. 072	0. 065	−0. 117	−0. 065	−0. 011	−0. 121	−0. 081	−0. 044
	(0. 057)	(0. 481)	(0. 700)	(0. 688)	(0. 622)	(−0. 993)	(−0. 695)	(−0. 107)	(−1. 228)	(−0. 927)	(−0. 484)
婚姻	0. 072	0. 073	−0. 047	0. 028	0. 048	0. 226**	0. 227**	−0. 051	0. 186	0. 203**	0. 070
	(0. 872)	(1. 018)	(−0. 584)	(0. 368)	(0. 630)	(2. 777)	(3. 535)	(0. 706)	(2. 742)	(3. 378)	(1. 096)
学历	−0. 115	−0. 090	−0. 035	−0. 063	−0. 057	−0. 089	−0. 058	0. 028	−0. 026	−0. 029	0. 043
	(−1. 436)	(−1. 281)	(−0. 460)	(−0. 885)	(−0. 814)	(−1. 128)	(−0. 925)	(0. 412)	(−0. 397)	(−0. 495)	(0. 702)
是否国企员工	−0. 085	−0. 088	−0. 072	−0. 083	−0. 091	−0. 027	−0. 031	−0. 008	0. 019	−0. 003	0. 021
	(−1. 150)	(−1. 378)	(−1. 045)	(−1. 304)	(−1. 436)	(−0. 371)	(−0. 541)	(−0. 138)	(0. 318)	(−0. 049)	(0. 387)

续表

	个人环保规范					员工绿色行为					
	模型 1	模型 2	模型 3	模型 4	模型 5	模型 6	模型 7	模型 8	模型 9	模型 10	模型 11
	β(t)	β(t)	β(t)	β(t)	β(t)	β(t)	β(t)	β(t)	β(t)	β(t)	β(t)
公共服务动机		**0.497*****		**0.430*****	**0.505*****		**0.598*****			**0.440*****	
		(8.116)		(6.089)	(6.398)		(10.969)			(7.448)	
工作组绿色倡导感知			**0.374*****	**0.142**	**0.172***			**0.546*****			**0.393*****
			(5.294)	(1.882)	(2.257)			(8.697)			(6.576)
个人环保规范									**0.542*****	**0.320*****	**0.411*****
									(9.310)	(5.370)	(7.275)
交互项					**0.155***						
					(2.066)						
调整后的 R^2	0.069	0.299	0.181	0.308	0.320	0.107	0.444	0.352	0.378	0.513	0.488
ΔR^2	—	0.227	0.113	0.239	0.014	—	0.330	0.241	0.266	0.399	0.375
F	3.502**	13.399***	7.417***	12.318***	11.608***	5.056***	24.146***	16.780***	18.602***	27.734***	25.189***

注：*** 表示 $p<0.001$，** 表示 $p<0.01$，* 表示 $p<0.05$，β 为标准化系数。

表 6-9 中介效应置信区间

路径	效应值	Boot 标准误	Boot CI 下限	Boot CI 上限
PSM→PPEN→EGB				
总效应	0.7907	0.0721	0.6485	0.9329
直接效应	0.5807	0.0780	0.4269	0.7345
中介效应	0.2100	0.0390	0.1224	0.3110
WGGA→PPEN→EGB				
总效应	0.4248	0.0488	0.3284	0.5211
直接效应	0.3053	0.0464	0.2137	0.3969
中介效应	0.1195	0.0295	0.0628	0.1782

注：PSM：公共服务动机；WGGA：工作组绿色倡导感知；PPEN：个人环保规范；EGB：员工绿色行为。

进一步，将模型 7 和模型 10 进行对比，发现将公共服务动机和个人环保规范同时放入回归方程时，个人环保规范对员工绿色行为的回归系数显著($\beta=0.320$，$p<0.001$)，公共服务动机与员工绿色行为的回归系数降低但仍然显著($\beta=0.440$，$p<0.001$)。结合表 6-9，可知中介效应的偏差校正 Boot 置信区间(0.1224，0.3110)不含 0，而其直接效应 Boot 置信区间(0.4269，0.7345)也不含 0，说明个人环保规范在公共服务动机和员工绿色行为之间起部分中介作用，H4b 得到验证。

(二)工作组绿色倡导感知、个人环保规范与员工绿色行为

从表 6-8 可以看到，在排除控制变量影响后，工作组绿色倡导感知显著正向影响员工绿色行为($\beta=0.546$，$p<0.001$)和个人环保规范($\beta=0.374$，$p<0.001$)，H2、H5a 得到检验。

此外，对比模型 8 和模型 11，发现将工作组绿色倡导感知和个人环保规范同时加入时，个人环保规范对员工绿色行为的回归系数显著($\beta=0.411$，$p<0.001$)，工作组绿色倡导感知与员工绿色行为的回归系数显著

(β=0.393，p<0.001)，但有所降低。结合表6-9，可知中介效应的偏差校正Boot置信区间(0.0628，0.1782)不含0，而其直接效应置信区间(0.2137，0.3969)也不含0，说明个人环保规范在工作组绿色倡导感知和员工绿色行为之间起部分中介作用，假设5b得到验证。

三、调节效应检验

(一)工作组绿色倡导感知对公共服务动机与个人环保规范的调节效应检验

为检验工作组绿色倡导感知在公共服务动机与个人环保规范之间的调节效应，本研究使用SPSS进行层级回归分析，并进一步使用Hayes开发的Process4.0中预设的调节效应Model 1进行Bootstrap法抽样5000次，以获得调节效应高低组效应值，并绘制调节效应图。回归分析结果见表6-8，调节效应图见图6-3。

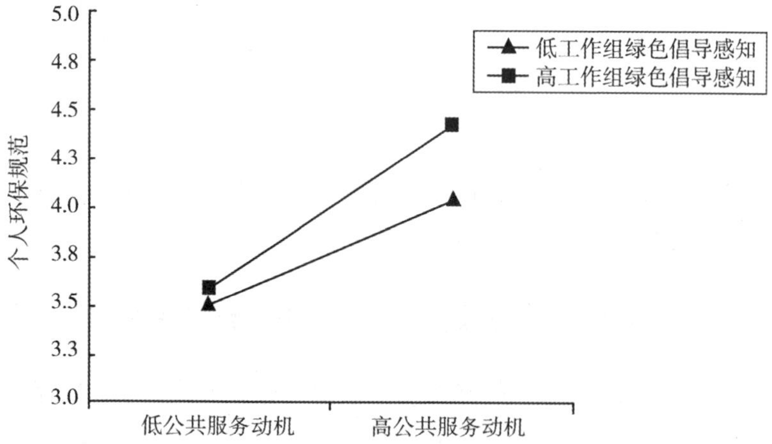

图6-3　工作组绿色倡导感知在公共服务动机与个人环保规范之间的调节效应

由表6-8可知，公共服务动机和工作组绿色倡导感知的交互作用显著正向影响个人环保规范(β=0.155，p<0.05)。图6-3显示了工作组绿色倡

导感知在正负一个标准差时，公共服务动机对个人环保规范的显著影响。图 6-3 表明工作组绿色倡导感知水平越高，公共服务动机对个人环保规范的正向影响越强，即工作组绿色倡导感知显著正向调节公共服务动机对个人环保规范的积极影响，由此 H6 得到验证。

（二）有调节的中介检验效应

根据 Preacher 等提供的检验方法，本研究使用 Hayes[225] 开发的 Process 4.0 插件中预设的有调节的中介效应 Model 7 进行 Bootstrap 法抽样 5000 次，以检验有调节的中介效应是否显著。分析结果如表 6-10 所示，表中依次显示了在工作组绿色倡导感知低组（-1SD）、中组（Mean）、高组（+1SD）中，工作组绿色倡导感知对个人环保规范间接效应影响的差异。

从表 6-10 中可以看到，在工作组绿色倡导感知低组中，个人环保规范的中介效应显著，其效应值为 0.176，95%CI 区间为（0.0977，2.2718），不包含 0；在工作组绿色倡导感知高组中，个人环保规范的中介效应显著，其效应值为 0.301，95%CI 区间为（0.1853，0.4423），不包含 0；工作组绿色倡导感知对中介效应的调节作用显著，其效应值为 0.071，95%CI 区间为（0.0203，0.1261），不包含 0，说明工作组绿色倡导感知显著正向调节个人环保规范的中介效应，即当工作组绿色倡导感知水平高时，个人环保规范在公共服务动机与员工绿色行为之间的中介作用强；反之则个人环保规范的中介效应弱。

综上，本研究假设检验结果如表 6-11 所示，全部得到支持。

表 6-10　**有调节的中介效应检验**

有调节的中介效应	效应值	Boot 标准误	Boot CI 上限	Boot CI 下限
工作组绿色倡导感知低组	0.176	0.044	0.0977	0.2718
工作组绿色倡导感知中组	0.238	0.500	0.1488	0.3463
工作组绿色倡导感知高组	0.301	0.065	0.1853	0.4423
有调节的中介效应	0.071	0.027	0.0203	0.1261

表 6-11　　假设检验结果汇总

假　设		检验情况
H1	公职人员的公共服务动机与其绿色行为正相关	支持
H2	公职人员的工作组绿色倡导感知与其绿色行为正相关	支持
H3	公职人员的个人环保规范与其绿色行为正相关	支持
H4a	公职人员的公共服务动机与其个人环保规范正相关	支持
H4b	公职人员的个人环保规范在公共服务动机与员工绿色行为之间起中介作用	支持
H5a	公职人员的工作组绿色倡导感知与其个人环保规范正相关	支持
H5b	公职人员的个人环保规范在工作组绿色倡导感知与员工绿色行为之间起中介作用	支持
H6	工作组绿色倡导感知正向调节公共服务动机对个人环保规范的影响	支持
H7	工作组绿色倡导感知正向调节个人环保规范在公共服务动机和员工绿色行为之间的中介作用	支持

第六节　总结与展望

通过对过往研究的回顾与述评，本研究基于规范激活理论和人—情境交互视角，提出了公职人员公共服务动机对员工绿色行为的影响模型，并探讨了个人环保规范和工作组绿色倡导感知在二者关系中的作用机制。为防止同源偏误，本研究采用了团队配对的问卷调研方式获取样本数据，并利用 SPSS 26.0 和 AMOS 26.0 进行了统计分析，对本研究的假设进行逐一验证。数据分析结果说明了三点：第一，公职人员的公共服务动机、工作组绿色倡导感知与个人环保规范都能够显著激发和强化员工绿色行为，且个人环保规范在公共服务动机、工作组绿色倡导感知对员工绿色行为的激发过程中起部分中介作用；第二，公职人员对其所在工作组绿色倡导情境的感知水平显著调节其公共服务动机激活个人环保规范的作用，当公职人员感知到较高水平的工作组绿色倡导时，他的公共服务动机将更容易成为激活和提升个人环保规范的驱动力，反之则不能有效激活个人环保规范；第三，工作组绿色倡导感知进一步显著影响个人环保规范在公共服务动机与员工绿色行为之间的中介作用，即当公职人员感知到较高水平的工作组绿色倡导时，其公共服务动机对员工绿色行为的强化作用更大程度上是通过激活个人环保规范来实现的。基于上述研究结论，本研究开展以下对理论和管理启示的讨论，并提出未来的研究方向。

一、理论启示

本研究结果对公职人员的员工绿色行为、公共服务动机、工作组绿色倡导感知和个人环保规范等方面的研究都有积极的理论启示。

首先，本研究将员工绿色行为的研究领域延伸至公共部门。在以往的员工绿色行为研究中，研究者们大多基于企业绿色绩效的视角，对企业中员工绿色行为的影响机制展开了大量的讨论，鲜有研究关注到公共组织的绿色绩效以及其雇员绿色行为的影响机制。由于公职人员绿色行为的示范效应，本研究认为有必要开展以公共部门为背景的员工绿色行为研究，并从公职人员的公共服务动机这一突出特征出发，提出并验证了公职人员公共服务动机能够激发和强化其在工作场所绿色行为的假设。从自利性的理性动机角度来说，高公共服务动机水平的公职人员会为了满足自身参与社会环保治理事务的愿望，在行动上积极响应公共组织的环保动机，自觉在工作中实施员工绿色行为；从利他性的情感动机来说，高公共服务动机水平的公职人员能够对生态环境问题的紧迫性与社会公众的环保诉求感同身受，他们愿意从自身做起，不仅在完成工作的过程中实施绿色行为，还会利用自己的公职人员身份为社会大众提供额外的绿色服务。这说明公共组织可以从提升其员工公共服务的理性动机和情感动机两方面着手，实现长久且持续的员工绿色行为教育。

其次，本研究扩展了团队绿色倡导对员工绿色行为的积极影响研究，这是当前多数员工绿色行为研究中所忽视的影响因素。较高的工作组绿色倡导感知水平说明工作组内的成员会在日常工作和社交过程中实施环保行为，并宣传环保理念，这不仅能够增进团队成员对环保议题的关注，还能令其察觉到自己的环保责任，并分担环保行为的成本，最终促使个体实施员工绿色行为。这说明公共组织可以从提升工作组绿色倡导水平着手，为公职人员实施员工绿色行为提供充分条件。

再次，本研究基于规范激活理论补充了员工绿色行为的中介机制，即个人环保规范在公共服务动机和工作组绿色倡导感知对员工绿色行为的两条影响路径中的中介作用。个人环保规范是个体实施环保行为的一种道德责任感，能够促使个体实施包括员工绿色行为在内的环保行为。但是，个人环保规范需要被激活才能进一步对个体行为改变起作用，而公职人员的公共服务动机与工作组绿色倡导感知能起到激活个人环保规范的"扳机"作用。在我国将生态环保纳入国家顶层设计的情况下，高公共服务动机的公职人员能够基于公共组织的目标，对环保社会治理议题开展理性思考，自发学习和了解环保的相关信息，并进一步认识到自己在工作中的不环保行为将给环境带来多大的影响，从而强化其结果认知和责任意识，激活和提升其个人环保规范，进一步激发其绿色行为。同时，高工作组绿色倡导感知能够防止公职人员的个人环保规范被环保行为成本所中和，使公职人员将工作团队对环保行为的支持和期望内化为个人环保规范，并进一步激发员工绿色行为。因此，公共组织可以从激活和提升个体环保规范的角度入手，强化公职人员在工作场所实施绿色行为的意义认知和个体环保责任担当意识，从而进一步鼓励员工绿色行为。

最后，本研究基于人—情境交互视角探索了公职人员公共服务动机对员工绿色行为产生影响的边界机制，即工作组绿色倡导感知在其中的调节作用。基于人—情境交互视角，个体特征对个体行为的改变在不同情境下并非是稳定一致的。因此，在我国公共组织的高集体主义文化背景下，公职人员往往倾向于实施团队内成员都认可和践行的事情。所以当公职人员感知到工作组绿色倡导带来的情境压力时，他们更容易将注意力聚焦到环保领域上来，将为社会服务的热情细化为给社会环保事业做出贡献的愿望，从而将绿色理念内化到个人规范之中，也即公共服务动机对个人环保规范的积极作用被强化，反之则弱化。进一步讲，当公职人员感知到更高的工作组绿色倡导水平时，其公共服务动机将更容易通过驱动个人环保规范并进一步激发其绿色行为。本研究指出了公职人员在不同工作组绿色倡导情境下，其行为动机和行为之间的显著差异，不仅丰富了员工绿色行为边界条件的研究，还强调了情境对个人环保行为的显著影响作用。

二、管理启示

本研究结论指出了公共服务动机、个人环保规范与工作组绿色倡导感知对激发我国公职人员的绿色行为的良好作用。基于此，本研究从个体特征和团队情境改善这两个方面提供可行的管理建议。

首先，强化和提升公职人员的公共服务动机是激发员工绿色行为的重要着力点。公共服务动机作为一种强力的利他内在动机与驱动力，能够持续且稳定地激发公职人员的绿色行为。因此，公共组织应加强和提升公职人员队伍的公共服务动机水平。一方面，可以从公职人员的选拔和晋升入手，选择公共服务动机水平较高的个体加入到公职人员队伍当中。当前的公共部门雇员选拔和晋升标准主要是对公职人员的行政能力进行衡量，如工作年限、学历、工作成果、绩效考评结果等，这会使公职人员在考评晋升压力下为了成绩而忽视工作中的绿色环保原则。因此，公共组织可以采用上级和同事评价的方式，将公职人员的公共服务动机水平纳入考核体系，使公职人员能够摆脱能力和业绩压力，从增加其绿色工作行为开始，脚踏实地为国家和社会生态利益着想。另一方面，可以从公共服务动机的培养和强化入手，通过强化环保工作支持型的领导风格和组织氛围，培养公职人员对公共部门环保及自身绿色工作意义的认可与承诺，使其工作动机从利己的理性动机更多转向为社会公众提供绿色公共服务，从而发自内心地愿意去响应国家环保目标。

此外，在个体特征方面还可以从提高公职人员的个人环保规范水平入手。具体来说，在公共组织内部加强环境知识宣传、树立绿色工作典型模范、完善绿色工作奖励等方式，正向强化公职人员对其不环保工作行为的结果认知和责任意识，提高他们的个人环保规范。

由于我国公共部门需要渗透到社会的每一个角落，为社会公众提供全方面的社会服务，因此公共组织的工作是非常细小而琐碎的，这使得公共部门内部的分工基本以工作组为单位展开。所以对公职人员来说，按照团队所提供的行为导向指南去开展工作非常重要。本研究指出了工作组绿色倡导感知的边界作用，其主要实践意义在于说明公共组织要想强化公职人员公共服务动机向员工绿色行为的转变，就必须首先提供较强的团队内部绿色倡导情境，具体包括以下两点：

一是可以从团队领导入手，基于我国公共部门的组织形式与文化背景，工作组领导对其团队成员的影响是最为直接且持久的。如果公共部门团队领导能够在工作中展示出强烈的环保意识，将有利于促使团队内部绿色氛围的形成。因此，领导者应当注重言传身教，带头实施员工绿色行为，为员工树立绿色工作榜样；组织也应当为领导者提供相应的绿色工作策略和劝说技巧，以使领导者能够以潜移默化的方式将员工绿色行为的重要性传达给团队成员，防止强制要求和宣传可能带来的逆反心理。

二是可以从搭建团队内绿色交流场景入手。由于社会管理工作复杂而琐碎，公职人员往往很难有专门交流和探讨环保相关知识和信息的时间，这导致他们难以感受到团队内部的绿色倡导情境。因此，可以通过团队绿色工作培训、绿色工作展示平台搭建和定期的绿色活动组织等方式，不仅向公职人员传授绿色工作的经验与技能，还鼓励他们在平台和活动中对绿色工作的意义和方式展开讨论，促使他们在绿色活动中获得实现社会价值的满足感，从而塑造工作组绿色倡导的情境，强化绿色环保的团队工作氛围。

三、研究不足与展望

本书研究了公职人员公共服务动机和员工绿色行为之间的关系，并讨论了个人环保规范和工作组绿色倡导感知在这一对关系中的作用。但由于研究资源以及研究经验的缺乏，本研究还存在一些不足之处。

第一，本研究中所使用的测量工具有待后续研究的调整与改进。尽管本研究中所采用的量表均翻译自国外成熟量表，不仅已有大量国内学者使用这些量表，本研究也通过信效度分析显示出了较好的量表可靠性与有效性。但一方面，基于中西方语言和国家文化背景的较大差异，仍有必要进一步对这些量表进行本土化改进与修订，以获得更加稳定有效的中国化情境量表。另一方面，基于公共组织和私营企业的组织背景差异，企业员工绿色行为的量表可能并不适用于公共部门情境。作为国家与社会的管理者、服务者，公职人员不仅可以在节水节电等个人的亲环境行为中发挥作用，还可以在其社会管理工作过程中融入绿色理念，如利用公共组织的影响力发表支持环保的言论、参与制定能够引导社会绿色风气的政策法规等，而目前尚未有研究关注公职人员的这些特殊绿色行为，因此有必要为公职人员绿色行为开发专门的测量工具，以有利于后续相关研究的开展。

第二，尽管本研究基于规范激活理论和人—情境交互视角提出并验证了公共服务动机和工作组绿色倡导感知对员工绿色行为的正向预测效果，但本研究主要使用了文献回顾和问卷调查的方法，这导致本书对结果的解释和管理建议大多基于其他学者的相关研究，缺少来自公职人员对绿色工作的真实想法和一手资料，且问卷研究法无法进行充分的因果推论，存在一定的局限性。因此，未来研究可以在研究方法上，通过访谈法收集公职人员和公众有关公共部门内部环保绩效改进的看法。此外，未来研究还可以使用纵向研究法或实验法，以更好地验证和讨论公共服务动机、工作组绿色倡导感知和员工绿色行为之间的关系。

第三，本研究仅以中国公共部门为背景，关注了中国公职人员的公共服务动机、工作组绿色倡导感知影响员工绿色行为的作用机制，但由于已有大量研究指出公共服务动机在不同文化背景下有着不同的内涵解读与测量方式，且不同国家的公共组织在权力范围、集体主义、男女关系等文化背景因素方面存在较大的差异。因此，未来研究可以在不同文化背景下，进行公共部门员工绿色行为影响因素的跨文化研究。

第四，本研究样本量较小，且抽样代表性有待进一步改进。为避免同源误差并提升答卷质量，本研究采用了配对方式收集数据，导致本研究必须通过研究者社会关系网络，深入各单位实地发放调查问卷，这一定程度上限制了研究资源，导致出现总体样本量较小以及存在抽样代表性问题。尽管回归分析结果显示，本研究回归模型拟合度良好，但样本量和抽样代表性问题不可避免地影响了本研究结论的稳定性。因此，未来研究有必要在公共部门开展更大规模的实地调研以进一步验证研究结果。

第五，本研究尚未对公职人员绿色行为的结果变量进行充分讨论。在我国的社会治理情境下，公民不仅会服从公职人员的管理，同时也会对公职人员的一言一行进行监督、模仿和学习，因此公职人员的绿色行为很可能对公民产生进一步的“涟漪效应”与“涓滴效应”，从而引导公民个体环保行为的产生，营造绿色社会氛围。所以，从对公民行为的影响开展公职人员绿色行为的结果变量研究，将具有较好的理论价值和实践意义。

第七章　本土化公共服务动机提升策略

第一节　国家层面提升策略

公共服务动机对个人和组织均有积极或消极的影响，如何有效提高公共服务动机，使其发挥积极作用，进而有效促进公共服务好转，是值得探讨的话题。人总是生活在制度之中，同样的人居于不同的制度内，其行为的积极程度也会表现出差异。制度问题具有根本性、长期性与全局性，无论是完善公务员的选育、考核与晋升、问责与容错机制，还是提升大学生、非营利组织、社会公众等的公共服务精神，国家的政策与举措均能够最大限度地发挥其影响效果与带动作用。因此，从国家战略高度入手，出台公共服务动机的保障与提升措施，正当其时，十分必要，切实可行。

一、完善公务员选育机制

"政治路线确定之后，干部就是决定因素"，只有那些从内心深处认同公共利益且具备较强自我牺牲精神的员工才更愿为公共利益做出牺牲，并投身于公共服务，进而助推公共服务质效的提升和公共部门整体目标的实现。就国家层面而言，本土化公共服务动机提升策略的重点应关注如何识别具有较高公共服务动机的个体，并将其吸纳到公共部门之中。为进一步选拔和培养高水平公共服务动机的公共部门从业人员，需要考虑完善现有的公务员招录与培育制度，具体而言，可从公务员考试、现有加分政策及培训教育方面进行优化。

(一)完善公务员选拔机制

第一，将公共服务动机纳入公务员选拔的制度化机制。在当前公务员报考热的背景之下，各类动机混杂的人群不断涌入公共部门，未来公共服务的整体质效如何尚难保证。当前我国对于公务员的选拔考核集中于传统的行政能力测验与申论测试，这种测验方式能够在一定程度上甄别出那些能力与专业水平较高的个体，但却忽视了对报考者公共服务动机的考察，很难识别其工作动机。尤其对于那些对公共服务动机有较高需要的岗位来说，动机或许是比能力素质更合适和有效的指标。因此，需要考虑将公共服务动机纳入选拔机制中，在同等条件下优先录取那些公共服务动机水平更高的个体。首先，可从公共服务动机的决定因素入手。如有研究发现人格特质中的尽责性和宜人性对公共服务动机具有正向影响[226]，故可考虑在公务员招录考试的报名环节增加人格测试，测量其尽责性和宜人性水平，并以测试结果为依据对报考者进行初步筛选。其次，可根据不同岗位制定对应的公共服务动机测评量表，并对报考者进行测试，以此来充分了解报考者的公共服务动机水平。最后，在面试环节，可设置心理测试，并赋予一定权重，以可量化的数据代替报考者的主观回答，借以准确识别高公共服务动机的个体。同时，也可在面试中设置情景模拟考试等环节，进一步考察报考者公共服务动机的真实水平。

第二，优化公务员考试加分政策。由于个体的志愿服务经历对其公共服务动机具有促进作用[74]，因此可考虑在公务员考试中实行加分政策，以吸引那些具有志愿服务经历的个体加入公务员队伍。目前有部分省份已有对应的加分政策，如湖北省在公务员考试中对志愿服务经历进行加分，不过该政策仅适用于西部计划志愿服务参与者，对于其他主体的吸引程度比较有限。所以未来可考虑扩大这类加分政策的范围，不仅是西部计划志愿者，对于大学生或民众等其他主体，如果具有校级及以上部门颁发的“志愿服务标兵”称号等表彰奖励，或是参与志愿服务在社会上引起广泛关注或积极反响的，都可以享受对应的加分政策。当然，也可优化现有加分政策，如公开具体的加分选项及数值，通过公开化和透明化更进一步吸引具有高水平公共服务动机的主体。

第三，根据报考者的公共服务动机水平合理分配岗位。一方面，对于那些公共服务动机水平比较高的员工，优先将他们安排到需要高水平公共服务动机的工作岗位上。这有助于提升员工与岗位的匹配度，并进一步促进员工保持公共服务动机水平。另一方面，对于那些有志进入公共部门的高校情侣或夫妻，需要从政策上加强引导，对于夫妻一方已在编的，可实行公务员配偶随调政策，这有助于他们共同分担工作与生活的压力，进一步保持其公共服务动机。

（二）完善公务员培育机制

班杜拉认为，人的一切社会行为都是依靠学习获得的，也是可以改变的，所以可通过学习、教育等方式来培养提升公务员的公共服务动机。一方面，目前尚未有针对公共服务动机培训的专门办法，在2018年中共中央印发并实施的《2018—2022年全国干部教育培训规划》中，党性教育的内容与公共服务动机的内涵非常一致，为更加有效地培育和提升公务员的公共服务动机，可考虑出台《公务员公共服务动机培育办法》。另一方面，通过不定期开展群众路线教育实践活动，如便民办税春风行动、“我为群众办实事”系列活动，促进机关工作人员积极践行公共服务精神，从而通过制度建设对公务员的公共服务行为予以鼓励，达到巩固和提高其公共服务动机的目的。

二、优化公务员考核与晋升机制

公共服务动机理论表明，具有较高水平公共服务动机的个体进入公共部门以后，如果制度环境并未对其工作表现进行及时的考核与肯定，这种“干好干坏一个样”的模式将会极大削弱员工的公共服务动机[227]。因此，完善公务员的考核与晋升机制对于保持公务员的公共服务动机具有重要意义。

(一)强化公共服务动机考核

当前我国对公务员的考核集中于“德能勤绩廉”五个方面，主要是考核公务员的工作能力与外在表现，尚未关注对内在公共服务动机的考核。强化服务动机考核则意味着不仅需要考察公务员的工作能力和工作绩效，还需要考察其内在的素养，这有助于进一步放大公务员公共服务的价值。未来可从以下几个方面考虑改进，进一步建立健全绩效考核体系，提升公务员公共服务动机水平。

第一，将公共服务动机纳入公务员考核的制度化机制。具有公共服务动机是公共部门各项工作的前提，应将公共服务动机纳入公务员考核体系。一方面，需要细化相应的考核指标。目前美国、英国和加拿大等国家已有根据公务员工作内容与职级开发的公共服务动机的胜任素质模型，可借鉴这些国家的做法，明晰公务员全心全意为人民服务的使命，制定基于公共服务动机的不同职级、类别的公务员能力素质模型，细化相应的行为准则。另一方面，需要重视公务员的社会实践活动，通过大力提倡参与社会公益活动并将其纳入考核体系，让公务员在具体实践中感受为人民服务的价值所在。当然，也需配套完善相应的公共服务活动记录机制，防范个别员工造假，以甄选出那类真正致力于公共服务的员工，进而激发更多员工参与到公共服务之中。

第二，加强公共服务动机的绩效评价。国家需要将公共服务动机考核的结果作为晋升与评优评先的重要依据，从制度设计上敦促公务员强化公共服务意识。一方面，可将公共服务动机考核结果与薪酬水平、职位晋升直接挂钩，此举有助于通过外部激励促进公务员公共服务动机的形成。另一方面，需要合理使用交流、辞退制度，对那些公共服务动机考核结果较低的公务员，要及时谈话，并进行适当的岗位调整，如果公共服务动机考核长期不达标，那么可考虑将其淘汰出公务员干部队伍。

第三，注重绩效评估的公平公正。由于公务员对绩效评估公正性的感知会影响其公共服务动机水平[228]，因此应当完善公务员绩效评估系统。

一方面，需要细化现有的指标，通过对不同岗位不同职责的公务员进行分类评估，精准设置绩效评估的指标，有效区分绩效的高低。另一方面，也可设置反映群众感受的指标，切实提升绩效评估结果的透明程度与可信度，多方评价也有助于保证绩效评估的公正客观，进一步促进公务员公共服务动机的提升。

（二）畅通公务员的晋升渠道

考核评价后及时根据考核结果对员工进行奖惩，有利于倒逼公务员公共服务动机的提升。现实中存在不少公务员正向激励不足的情况，尤其在基层，公务员的晋升空间更是十分有限。为此，需进一步规范公务员的晋升机制，畅通公务员的上升渠道。

第一，强化重实干重实绩的用人导向。目前公务员的上升渠道较狭窄，如按照《公务员职务任免与职务升降规定》，公务员的晋升具有明确的条件限制，仅存在极少数能够破格或越级晋升的情况。再如，根据《新录用公务员任职定级规定》，新录用的选调生公务员只有在经过一段固定的工作时间后才有机会晋升或是担任领导职务。公务员对职业前景的担忧也会削弱其公共服务动机，为此，需要认真贯彻落实《关于进一步激励广大干部新时代新担当新作为的意见》，着重实干与实绩的用人导向，让更多敢干事能干事干好事的公务员得到晋升。如疏通从基层一线选拔公务员干部的渠道，重点选拔那些业绩突出的优秀村干部，将他们吸纳到乡镇领导班子中，进一步激励公务员干部为公共利益服务。

第二，完善职务与职级并行制度和基层遴选制度。2015 年，我国颁布了《关于县以下机关建立公务员职务与职级并行制度的意见》，这在一定程度上缓解了基层公务员的情绪，有助于形成基层公务员的晋升通路，打破基层晋升的“天花板”。与此同时，公务员追求“职务”的想法也不应当被忽视，为此不仅需要对薪酬进行调节，更要从制度上加强对公务员的精神激励。如根据不同工作的性质，创设公务员实现自我价值的平台，通过岗位竞争与流动让公务员有机会参与到更多样的公共服务之中，进而促进其在工作中产生价值感并提升公共服务动机水平。

三、改善公务员的问责与容错机制

以往政府治理过程中存在的暴力执法、贪污腐败等负面现象，让不少人对公务员队伍印象不佳，并且，体制内外的二元分化加大了公务员的职业优越感，由此更进一步加深了社会公众对公务员职业的偏见，为此亟须完善问责监督机制以规制公务员的行为举止。完善公务员的问责监督与容错纠错机制，既是为了强化公务员的公共服务意识，也是为了提升公务员的职业形象，从而吸引更多人才加入公务员队伍。

首先，需要出台公务员的基本行为准则。一方面，可通过职业道德立法的形式将正确的价值观加以明确，让严格的法律规章来引导公务员的日常行为管理，对与公共利益相符合的行为积极鼓励，对与公共利益相斥的行为明令禁止，从而明确公务员言行的边界。另一方面，在公务员的行为准则中也要明确公务员“错”的边界。此前《关于进一步激励广大干部新时代新担当新作为的意见》提出建立容错纠错机制，要求准确认识“错”的内涵，将“错”与行为本身的违法违纪区分开。为此我们要结合实际情况细化容错免责的具体操作办法，对需要容错纠错的情形进行量化认定，对在容错范围内的，就实施免责，以此保护公务员开展工作的积极性并提升其公共服务动机。

其次，需要加强公务员的思想教育和感化。一是通过培育平等的职业观，让公务员认识到其工作的最终目标是为人民服务，这样才能更好地促进公务员与其他群体的互动，进而吸引更多人才加入到公共服务部门中来。二是要通过组织学习中央领导人的系列重要讲话和指示批示精神，持续推进公务员思想境界的提升，力求将公务员的公共服务精神内化为个人的价值理念并付诸公共服务实践。

最后，还应建立全方位的权力监督体系。一方面，需要强化政府监管职能，建立完善的“专家咨询机制”，聘请专业人才为政策制定提供指导，相关监管部门对公共服务提供的全过程进行监管。另一方面，需要借助现代媒体的力量，如鼓励政府部门设立微博、公众号、官方视频号等，与群众广泛互动，既可以在政策制定时集思广益，也可以实现全民监管，有力敦促公务员端正公共服务动机，提升服务水平。

四、健全公务员的保障与激励机制

微观制度、中观制度和宏观制度均能够影响个人的公共服务动机，其中微观制度(收入、住房等)对个人的影响更加直接[229]。而目前既有的公务员管理机制，如工资福利等在实践中往往成为提升公务员公共服务动机的不利因素，因而需要对这类因素予以调整。

第一，正视公务员整体利益的合理需求。工资福利制度本是为保障公务员基本需求进而巩固其公共服务动机而制定的，不过在现实中却并未充分发挥作用，为人民服务的职位光荣与待遇缺位影响了公务员的公共服务动机。为此，一方面，需要建立国家统一的、稳定的整体报酬体系来改善公务员的工资福利。不仅整体报酬要与社会发展同步，更要体现公平公正，以此激发公务员主动为公众服务的意识。另一方面，要关注公务员福利差异大的问题。薪酬福利应当在不同的地区、不同的工作表现和任职年限上呈现出差异，所以应对不同层级和不同岗位公务员的薪酬福利进行分类设计，如适当提高农村基层公务员的基本工资，尤其是农村基层公务员比较关注的医疗及养老保险补助等方面。

第二，改善公务员的工作条件。那些工作条件差的偏远山区，软硬件和出行条件都非常简陋，不仅妨碍了干群之间的交流，也会影响公务员干部的工作满意度，进而对其公共服务动机造成影响。因此，政府部门应当关注这些地区的公务员干部需求，适当调配财政资源以满足他们的合理工作要求，通过改善和均衡工作条件及相关工作待遇来强化公务员干部的公共服务动机。

第三，深化机构体制改革，进一步简化程序。在我国的党政系统内，长期以来形成了凡事讲求规则与程序的习惯，加之各地不断推行“痕迹管理”，公务员在开展工作时进行了较多的重复性劳动，繁文缛节、“文山会海”降低了公务员的工作满意度，也削弱了其公共服务动机。为此，需要进一步简化工作程序，精简会议，让公务员能够专注自己的目标和责任，将更多的精力投入到公共服务中去。

五、提升公共服务动机的社会培育

第一，注重培育大学生的公共服务动机。许多大学生都是未来公共服务的重点提供群体，如公费师范生、公安院校学生、行政管理专业学生等，需要注重对这类群体公共服务动机的培养。首先，政策制定时需要考虑政策目标人群的公共服务动机水平。根据已有研究，预期激励型政策能够激发个体的公共服务动机，应重视运用这类政策，如采用终身保证的就业政策为公费师范生提供保障，提升其公共服务动机。其次，院校在招生时也应注意对学生公共服务动机的考察，或在招生宣传时强调院校的社会实践和公共服务教育特色，吸引具有公共服务意向的学生报考。最后，要注重对学生的思政与实践教育。如加强大学生公共服务动机的专项教育，通过先进人物、模范事迹对公共服务精神加以宣传和强化。同时，鼓励高校思政工作者定期与学生沟通，了解其公共服务动机水平并为其纾难解困，以达到激发大学生公共服务动机的目的，也可组织与专业知识紧密结合的志愿服务活动，通过公共服务活动维持学生的公共服务动机水平。

第二，注重培育非营利组织的公共服务动机。非营利组织在促进公共利益方面发挥了重要作用，这一群体公共服务动机的培育不可忽视。首先，在制定政策时，政府部门需要主动向社会组织咨询，让非营利组织的员工有机会献言建策，激发其参与公共服务的积极性。其次，继续给予非营利组织足够的资金与精神支持，如加大政府扶持力度，或对其给予一定社会荣誉和赞扬，强化其为公共服务而牺牲的精神。最后，还应明晰非营利组织的职能认定，对那些尚未经过认定的非营利组织，应当加快这类组织获得认定的进程。如2010年北京市开展社会组织直接注册试点以来，多地开始放开社会组织登记注册门槛，这类举措有助于培养非营利组织员工的公共服务动机。

第三，注重培育社会公众的公共服务动机。在基层治理中，基层群众的高公共服务动机水平有助于治理的成功，应当对其加以培育。首先，需要注重对基层群众公共服务动机的测评和调查，可将公共服务动机作为一种测量工具，通过测评和调研，精准甄选基层群众中具有高公共服务动机的人，通过动员、鼓励，使其成为各种基层活动宣传、组织的参与者和志愿者，利用他们的影响来带动其他群众参与公共服务，从而提高社会公众参与公共服务的整体水平。其次，需要对那些具有高公共服务动机的群众加以引导与支持。通过尊重、鼓励并积极引导基层群众参与基层治理，构建多元化的基层自治网络，如举行群众会议论坛、听证会、协调会等，丰富基层群众的利益诉求表达渠道，增强公共政策制定的吸引力，进一步提升其公共服务动机。最后，那些具有自我牺牲、服务大众品质的个体，更能够从道德上激发他人的公共服务动机，所以要注重发挥模范的作用。不仅要让公务员与党员躬行实践，成为带动社会公众参与公共服务的领头人，更要重视发挥“非公”人员的带动作用，例如，具有强烈公共服务动机的乡村精英在征求与反馈村民利益诉求的过程中，能够在一定程度上提升群众对公共事务的关注，进而有利于促进村民整体公共服务动机水平的提升。

第二节　组织层面提升对策

党的十八大以来，“建设职能科学、结构优化、廉洁高效、人民满意的服务型政府”成为我国政府改革的目标，党的十九大报告进一步明确，要深化服务型政府建设，这不仅彰显了我国政府改革的决心，也进一步提示我们要持续提高公务员的公共服务精神。除了通过优化制度设计和强化社会导向的宏观制度建设，去长效且深远地逐步提升我国公务员的公共服务动机外，也应当注意从公务员日常所处的微观工作场景入手，这是更加立竿见影取得实效的一种途径。社会学习理论指出，个体的社会学习并不是在真空中发生的，环境和示范者这两类要素对于个体心理机能的习得、保持和变化具有重要影响。对我国公务员影响最为直接的环境和示范者正是各类公共组织及各级管理干部，因此，本书将基于我国公共组织及其管理机制背景，从组织教育培训、组织支持引导、组织文化建设和领导行为优化这四个方面分别提出政策建议，以期提升我国公务员的公共服务动机水平。

一、开展组织教育培训

当前，我国社会发展进入新阶段，社会治理过程中的新问题、新情况也源源不断出现。公务员是干部队伍的重要组成部分和党治国理政的骨干力量，有必要将提高公共服务精神作为我国新时代公务员队伍建设的重要任务。公共服务动机是一种发自内心愿意为公共事业付出的利他动机，源于公职人员对服务大众精神的高尚追求和甘愿为社会公益牺牲的利他精神[230]，公务员自发地将服务社会和群众纳入思想和行动当中，有助于提升我国公务员队伍的公共服务精神。因此，为全面提升公务员的公共服务动机，公共组织不仅要通过思想淬炼和专业训练强化公务员的服务意识，更要通过政治历练和实践锻炼磨砺公务员的服务能力。基于此，本书认为应当从提升公共服务意识和能力两方面开展培训教育。

（一）改进思想教育培训，提升公共服务意识

以往，我国公务员的思想教育针对性不强，将不同层级、不同类别公务员组织起来统一培训，培训内容往往是较为宽泛抽象的思政理论，而在培训方式上，也大多仅仅采用讲座、课堂这样的“你讲我听”的形式。这样的思想教育培训使得一些公务员的理论学习浮于表面，出现“走过场”的问题。因此，要使思想教育落到实处，使“为人民服务”的宗旨入脑入心，就要从改进思想教育培训内容和方式两方面出发，帮助公务员将所学理论与工作实际联系起来，使其将公共服务精神融入自身的职业规划当中，提升其公共服务动机。

一方面，在培训内容上，要增加公共服务动机培训。具体而言，一是

要结合不同岗位、不同层级公务员的工作实际，有针对性地进行职业使命认知和职业道德伦理培训，使公务员充分转变权力观念，强化工作意义认知，明确职业目标，真正做到“权为民所用、情为民所系、利为民所谋”，以提升他们参与公共事务的兴趣和对公共利益关切的水平。二是要补充开展共情能力培训，强化公务员在工作中换位思考和有效沟通的能力，以培育公务员的同情心和同理心。三是要定期开展职业价值观培训，通过不断明确和强化公务员谋求公共利益最大化的基础价值取向和维护社会公正的根本价值取向，潜移默化地培育公务员的自我牺牲精神。

另一方面，在培训方法上，要合理搭配多种方法。“你讲我听”式的课堂培训虽然能够在较短时间内输出高浓度的科学知识和技能方法，但以这种形式培训思想认知，尤其是公共服务动机时往往收效甚微。因此，有必要在保留课堂式培训的同时，辅以情景模拟的培训方法。具体而言，情景模拟法是以公务员工作实际场景中可能遇到的工作难题为背景，要求公务员分别扮演服务者和被服务者角色，实际体验被服务者的感受，以及学习应当如何正确处理工作难题，从而提升公务员的同情心和同理心，培育公务员的正确职业价值取向，提升其公共服务动机。

(二)持续开展能力教育，提升公共服务能力

要提升公务员的公共服务动机，就要让他们首先敢于参与公共事务。当前一些干部仍存在“踢皮球”心态，根本原因在于公共服务能力不足，因而不敢为、不想为。所以，要持续开展能力提升教育，让公务员敢为想为，切实提升公共服务动机。

一方面，要在实践中提升公务员的公共服务能力。除了通过培训课程丰富公务员的知识储备和管理技巧以外，更重要的是要在干中学，在学中干，通过社会实践培训来帮助公务员内化理论知识，避免纸上谈兵。具体而言，一是可以有计划地组织干部到基层挂职锻炼，通过在公共服务一线的体验学习，在实际工作的磨炼中提升能力、增长才干；二是鼓励公务员定期参与部门对口社区或街道的志愿服务活动，为群众办实事、解难题，

不断提升自身应急处理能力和群众工作能力。

另一方面，可以充分利用互联网，建设国家公务员教育培训云平台。除了涵盖广泛的公务员知识技能在线课程库以外，还可以使其成为公务员交流分享的平台，例如鼓励各级各类公务员在平台上分享工作中遇到的典型难题和处理心得，针对难题开展在线讨论等，从而利用好公务员的业余时间进行日积月累的碎片化学习，在一问一答的经验总结中提升公共服务能力，进一步提振公务员开展公共服务的信心，强化其为公众服务的决心。

二、强化组织支持引导

随着国家与社会对政府及其雇员工作的要求和期待的逐步拔高，我国公务员需要以更高标准来要求自己，也即要时刻强化自身的公共服务精神和能力。然而，这样的工作要求提升是一把“双刃剑”，一方面，更高的公共服务精神和能力能够有效提高我国政府的公共服务水平，真正建立“让人民满意的服务型政府”；但另一方面也将不可避免地带来公务员的职业和工作倦怠感，并进一步导致公共服务动机的流失与磨损。因此，如何通过合理的激励方式提高公务员的工作活力就成为值得探讨的问题。一般而言，激励可以划分为物质激励和精神激励两种类型，就提升公共服务动机来说，物质激励对公共服务动机存在的“挤出效应”决定了公共组织只能向公务员提供保健性的物质保障[124]，那么提供丰富而全面的精神激励就成为公共服务动机激励过程中的重要路径。具体而言，本书认为公共组织可以从以下四个方面着手满足公务员心理需求，以提升其工作活力和公共服务动机。

（一）建设议政渠道，促进公共参与

上面千条线，下面一根针。基层干部长期身处社会管理一线的工作性质，天然使他们能够对社会中的苗头性、预警性问题迅速感知和发现，因此有必要建设好完备的议政渠道，增加基层干部参与公共政策制定的机

会，让他们愿意主动发现问题并能够及时反映问题，也即进一步强化他们的公共服务动机。

具体来说，首先要在思想态度上重视基层反映的问题，对基层提出的政策建议和问题要有及时且实际的反馈，并建设完整的问题跟踪系统，防止出现“建议无人问，问题无人管”的不良后果。其次在渠道建设时，一方面可以利用已有的“互联网+政务”平台，增设基层干部参政议政专用通道，方便基层干部随时随地向上传达基层动态信息、困难问题、经验分享等；另一方面可以定期组织上下级单位工作交流活动，在座谈会上面对面开展讨论，不仅帮助解决基层工作中的困难，也能够广泛吸取基层建议，帮助上级单位科学决策，增加基层干部参与公共事务的成就感，并进一步提升其公共服务动机。

（二）强化信任协作，营造支持氛围

公共服务动机的培育需要让公务员愿意主动参与到公共服务提供的过程之中，也即要充分激发公务员的工作积极性，这就要求公共组织及工作团队给予雇员充分的信任和支持，以营造支持性氛围。

就公共组织而言，应当首先提供足够的信任，合理赋予公务员自由裁量权，允许他们视实际情况做出自主判断并调整工作流程，以满足公务员工作中的自主需求和能力需求，进而激发其公共服务动机；可以在保证工作质量的同时，给予员工一定的工作弹性，允许员工自主选择工作方式方法，自主安排工作计划进展。就公务员工作团队而言，应当强化协作意识，团队负责人应当发挥协调作用，除了妥善分配团队资源、处理内部矛盾外，还应通过团队活动，不断加强团队凝聚力和团队荣誉感，团队成员则应当树立起合作意识，主动帮助其他成员解决工作难题，加强日常交流，互相学习各自长处，共同进步。

（三）及时疏解压力，提升工作活力

尽管适度的工作压力能够转化为公务员积极工作的动力，但当压力超

过公务员承受能力时，也将带来诸如创造力减退、工作满意度降低、职业倦怠、公共价值冲突等不良后果，不利于公共服务动机的提升。在新冠肺炎疫情大流行的背景之下，我国公务员，尤其是基层公务员的工作压力与日俱增，因此有必要尽快建立起全面的压力疏解机制，多关注公务员的心理健康问题。

一方面，要尽快排解公务员积累的工作压力。一是可以向公务员提供较为专业的心理咨询和辅导。除了要求组织和领导给予员工应有的关怀和支持以外，还应引入专业的心理咨询和辅导资源，具体包括定期开展心理评估，设置心理咨询在线门诊，组织心理舒压和抗压能力提升讲座等，帮助员工科学释放压力。二是组织开展丰富的业余文体活动，例如健身运动、书画摄影等，既有利于提升公务员的身体素质和道德修养，为面对繁琐杂乱的社会管理工作打好基础，又能够让公务员暂时从繁忙的工作中解放出来，放松身心，饱满精神，以更好状态迎接挑战。

另一方面，要着力“减负”，降低工作压力。我国公共部门往往采取从上到下的政策传导机制，在这一过程中应当明确各级公务员工作目标和任务要求，明确公务员角色定位，保障公务员权责一致，实现整体工作和责任在各级政府和部门的层层分担而非“层层加码”，坚决抵制“上面动动嘴，下面跑断腿”的官僚主义，从而让各级公务员将时间精力投入到工作落实当中，这不仅有利于减少不必要的基层压力，而且能让政府工作收到良好的预期效果，实现“减负不减能”，进一步防止公共服务动机的无谓消耗。

三、完善组织文化建设

行政组织文化是以行政组织长期在实践中形成的价值观为核心，由组织的最高目标、价值观、群体意识以及思维方式共同组成的，它受到组织成员普遍认可和遵循，能够引导和塑造员工的价值观念、动机和行为。因此，要激发和塑造公务员的公共服务动机，就应当积极培育以服务为导向的行政组织文化，并强化公共组织内部的文化宣传，以公共服务文化引领公务员工作动机和行为。

（一）积极培育以服务为导向的行政组织文化

行政组织文化的建设工作可以从器物层、制度层和理念层这三个层面入手。其中，理念层是行政组织文化最核心的部分，决定了行政组织的结构制度和运行机制，因此，在理念文化层面，必须坚持将“为人民服务”作为我国公共组织的行动宗旨与使命追求，将公共服务动机融入公共组织价值观核心，时刻提醒公务员的工作要以人民需求为导向。其次，在制度文化层面，要将公共服务理念和价值观纳入制度建设当中，以制度规范行为，进一步由外向内帮助公务员端正服务态度。例如，在工作制度中处处体现人民主体性，统一规范公共服务过程中的礼仪举止、流程标准，畅通群众反馈投诉渠道，精准追责，迅速整改，以制度保障公共服务质量。最后，在器物文化层面，要将公务员置身于处处为群众着想的工作环境中，强化服务意识，提升其公共服务动机水平。如可以依据公共服务理念建设“有温度”的公共服务设施，实现政务服务中心无障碍化全覆盖、设置开放有序的政务窗口、提供清晰方便的流程指引标识等。

（二）广泛宣传公共组织的服务文化理念

要使组织文化真正发挥其行动指导作用，必须通过不断的宣传，大力渲染和倡导以人民利益为本的公共服务精神，广泛传播公共组织服务文化和理念，持续营造公共组织内部的服务导向氛围，吸引更多公务员参与到提供优质服务的过程之中。

为此，在宣传内容上，一是可以深入挖掘各级公共组织中的先进人物和先进事迹，树立一批业务精湛、品德高尚的榜样模范群体；二是可以“接地气”地宣传介绍各类公共组织的工作内容和工作常态，让人民直观感受到政府工作与群众生活的密切关联。在宣传方式上，除了可以采用传统的事迹学习、征文演讲和评选竞赛等方式对内强化公务员的公共服务观念以外，还应当利用好新兴媒体如微信公众号、官方微博和短视频平台等，加强对外宣传，以提升公务员的职业认同感和自豪感，使他们愿意向社会提供更好的服务。

四、优化领导方式方法

作为组织环境中的重要变量，领导者的领导风格和领导行为对员工的心理和动机有着重要的引导作用[231]。在倡导自由平等的背景下，新时代公务员队伍有着年轻化、高学历化趋势，如果继续采取单一的命令式、威权式管理方法，很可能导致青年干部的反感和抵制，并自我消磨工作意志，从而不利于公共服务动机的激发和培育。因此，一方面，有必要及时转变管理思维，采取与员工特质相匹配的领导行为；另一方面，公共部门领导要从自身做起，将公共服务理念融入管理工作当中，以德服人，做好表率。具体而言，可以采取以下方法优化领导方式。

(一)尊重信任，强化认同

已有研究指出，公务员的职业认同感和组织认同感能够有效持续激发其公共服务动机[123,232]。而在多种增进公务员认同感的因素之中，由于和下属拥有大量的共同工作生活经历，领导干部往往是最能直接引导和激发公务员的职业和组织认同感的。大量研究表明，当领导对下属采取关心、尊重、认可和帮助的管理方式时，下属将出于回报心态，逐渐认可自己的工作价值，接受和认同组织价值观，并与组织保持步调一致。

具体而言，公共部门的领导者一方面可以转变过去的威权型领导风格，选择服务型领导、变革型领导、谦卑型领导等尊重和支持下属职业发展的领导风格，关心下属的工作和生活困难，及时给予下属肯定和鼓励，满足青年干部的成就和发展动机，提高工作满意度，增进其对公共服务的角色认同和对组织的认同，为公共服务动机提升提供动力；另一方面，可以采用伦理型领导、道德型领导等体现对组织秩序和道德标准的要求，营造健康有序、平等互信的工作氛围，满足青年干部的公平需求，从而使他们将精力更多放在公共事业当中，追求公共价值和利益的实现，提升公共服务动机。

(二)言传身教，做好表率

除了要充分尊重信任下属，提高下属的职业和组织认同感以外，公共部门领导还应该承担起领导干部的示范表率责任，以实际行动和人格示范展现公共服务精神，唤醒下属的公共服务动机。在各类领导风格和领导行为当中，服务型领导是最契合服务型政府建设、提升员工公共服务动机的领导。服务型领导是“通过服务他人和满足他人需求获得对追随者的领导力”，其核心就在于“服务”二字。公共部门中的服务型领导不仅能够展现对部门成员和团队的辅助、支持行为，使员工自发学习“我为人人”的服务精神，还能将其利他的服务精神扩展至公共服务过程当中，树立起服务他人、关心公共利益的模范形象，对下属产生言传身教和潜移默化的影响，从而提升下属的公共服务意识和公共服务动机。

因此，要加快培育公共组织中的服务型领导。首先，领导者自身要转变管理观念，强化诸如授权、激励、服务下属等领导技巧的学习，提升自己的服务意识；其次，公共组织应当在人力资源管理实践全过程中注重服务型领导队伍的建设，如将服务意识和特质纳入领导岗位的招聘标准，在干部培训中注意传授服务型领导的工作技巧，在绩效考评中将下级评价纳入考核指标等，帮助和激励领导践行服务型领导理念，建设起一支具备高度服务意识的领导干部队伍，在公共部门内部持续传播无私奉献、服务他人的精神品质和行为模式，切实提升公务员队伍的公共服务动机。

第三节 个人层面提升策略

公共服务动机是“个人主要或完全基于公共机构和部门的动机做出回应的个人倾向”[1]，是驱使员工个人持续投身于公共服务的内在力量，也是一种个人的心理意向。提升公务员的公共服务动机，最关键的是要增强个人内心对于公共服务价值的肯定，提升自己思想认识，强化自身理解，从而充盈自己的内在动力。因此，本书从思想上、观念上、行动上提出四点策略，以期帮助公务员个体提升公共服务动机水平。

一、加强思想政治理论学习

思想是行动的指南，加强思想政治理论学习是公务员个人提升公共服务动机的有力途径。思想政治学习内容包括马列主义的政治立场、服务为民的职业道德规范、忠诚国家的政治观点、依法行政的法律意识等，通过社会主义教育、集体主义教育、理想信念教育，对公务员思想观念、道德观念、道德规范产生有力影响，帮助公务员在潜移默化中提升内在服务动机，具体途径如下：

（一）坚定政治信仰，筑牢理想信念

在我国，要提升公务员群体的公共服务动机，首先要提高公务员对我国国家性质、意识形态、指导思想、行动指南的认识，增强政治认同。这要求公务员持续深入学习马克思列宁主义、毛泽东思想、邓小平理论、“三个代表”重要思想、科学发展观、习近平新时代中国特色社会主义思想，深刻理解其核心要义、精神实质、丰富内涵和实践要求，不断提高马克思主义思想觉悟和理论水平，始终做政治上的“明白人”。深刻理解群众观点和群众路线，牢记人民当家做主，要将为中国人民谋幸福、为中华民族谋复兴的初心和使命内化于心，外化于行。只有在理论学习上常学常悟，才能在思想上与党保持一致，才能从心底认同为人民服务的事业。

（二）强化历史学习，汲取历史养分

历史是对人类社会发展的记录，是经验、教训、借鉴的沉淀，是最好的教科书，从历史中可以了解人类社会更替的规律，能够正确认识过去从而更好地理解现在。学习历史可以从历史事件中对照现实，明白个人的价值是为他人带来更多价值。中华民族五千年的历史是我们宝贵的精神财富，其中党史则是公务员们的精神源泉，要在中国共产党百年奋斗历程和伟大成就中启迪智慧、明辨真理、砥砺品格，传承优良传统，发扬优秀作

风，在历史学习中真正领悟作为一名公务员的职责和使命，真正厘清个人与国家、社会、人民的关系。

(三)增强党性修养，提高思想站位

公共服务动机中的“公共利益承诺”“自我牺牲”的内涵与中国共产党“全心全意为人民服务”的宗旨是一脉相承的。政治身份对于公共服务动机水平是有显著影响的，拥有党员身份的公务员其公共服务动机水平要明显高于非党员公务员。因此提高党员同志的党性修养，增强非党员群众的思想站位是能够有效提升公共服务动机水平的。这就要求党员深刻理解党员身份的责任与义务，自觉锤炼党性修养，坚定“四个自信”，增强“四个意识”，做到“两个维护”，主动发挥党员先锋模范作用。非党员同志也要积极向党组织靠拢，以党员的标准对标自身，在思想上提高站位。

二、树立正确的职业价值观

职业价值观是个人对职业、职业规范、工作结果的认知、信念和态度，是个体一般价值观在工作生活中的体现。职业价值观包含了个人的价值判断，其中重要的内容包括职业目标与理想、职业操守。个体的价值观对于动机有调节作用，目标价值观越高，由目标带来的动机就越足。此外，价值观能够影响动机的性质、方向和强度，例如利他性质的价值观会增强个人对帮助他人、帮助社会的行动倾向，目前有研究表明公务员的职业价值观对于公共服务动机有正向影响。公务员树立正确的价值观能够更好地理解公务员的职责，增强其为人民、社会服务的内在动力，具体途径如下：

(一)正确认识自身身份

公务员是国家行政权力的行使者，代表国家从事公共事务管理，是基层治理的主要行动者。在我国，权力属于人民、来源于人民、服务于人民。国家的权力来源于人民权力的让渡，根据委托—代理理论，国家是所

有人民大众的代理人，代理人民行使权力，而公务员则是国家权力的真正执行者，即是人民权力的代理人。因此，作为一名公务员，首先要对自身身份有清楚的认知，明确自己作为人民权力的委托人，应当做好服务人民的工作，要从心里明白为什么要为人民服务，要有公仆意识，时刻心系人民，自觉维护人民群众的利益，将服务人民作为行动的出发点和准则。此外，作为一名国家公权力的执行者，公务员代表着国家以及地方政府的意志，职业身份要求其保持为国家谋复兴、为人民谋幸福、为社会谋福利的宗旨。

(二)增强职业理解和职业认同

公务员在各自的工作岗位上行使国家权力，是国家政策方针的执行者，所从事的工作关乎国家安全和社会稳定，对人民群众的生活产生直接影响，因此，公务员应当对自身职业的定位、职业重要性、职业价值拥有清晰的认知。同时，公务员树立正确的职业价值观还需要增强对职业的认同，包括对于职业的目标和职责要求的认同，同时还包含对于组织存在必要性、组织的目标与使命、组织的价值取向等的认同，只有将自身融入角色当中、组织环境当中，才能更好地构建起对于职业的理解，才能树立正确的职业价值观。

(三)认同和践行主导价值观

树立正确的职业价值观需要遵守社会公德，认同并践行主导价值观。目前我国的主导价值观是社会主义核心价值观，其内涵为“富强、民主、文明、和谐；自由、平等、公正、法治；爱国、敬业、诚信、友善”，从国家层面、社会层面、个人层面提出了我们的价值倡导，为公务员指明了正确的价值方向，也包含了对公务员个人的要求。我国的主导价值观中平等、公正、爱国、友善等内涵与公共服务动机的内涵是相互贯通的。因此作为公务员首先要高度认同主导价值观，只有在主导价值观的引领下才能真正实现更高的自我价值和社会价值，才能发自内心地投入到为人民服务的事业当中去。

(四)遵守职业道德规范

树立正确的职业价值观离不开对职业道德规范的认同与遵守。职业道德是指从事一定职业的人在思想、态度、行动上应当遵循的道德要求和行为准则。对于公务员而言，其要遵守的职业道德规范与一般职业道德不同，更具有鲜明的政治性、高度的责任性和一定的强制性。在 2016 年《关于推进公务员职业道德建设工程的意见》这一文件中明确指出公务员职业道德建设的主要内容为："坚定信念、忠于国家、服务人民、恪尽职守、依法办事、公正廉洁"。这就要求公务员对照要求，在职业道德的理解上不偏差、思想上不动摇、行动上不松懈，时刻与公务员的职责和要求保持一致。

三、向先进员工学习

榜样是一种具有良好的德行、值得他人学习和模仿的先进典型，能够给人们带来极大的精神鼓舞、感染和激励。根据社会学习理论，个体会在观察中学习和模仿他人的态度和行为，当个体观察到榜样行为能够带来积极结果时，会受到鼓励从而激发个人的动机，使人主动地、自发地进行某项行为。此外，学习榜样人物的先进事迹，能够使人产生心灵共鸣，从而使人们更易于接受其引导的精神品质，帮助人们向上向善，形成正确的人生观和价值观。相比理论学习，公务员个体在真实的人物故事、身边典型人物事迹的感染下，能够在潜移默化中受到教育，增强投身公共服务的内在动力。

(一)向榜样学习

榜样的示范作用依靠移情和认同的心理机制发挥作用，其中移情主要是借助感动这个心理中介完成的，在具体的道德情境中由榜样引发内在道德性的感动，促进主体进行角色互换式的思考，进而理解他人的情感、意念和行为，激发主体实施与榜样相同的行为。此外，榜样的力量还来自认同，通过对榜样的价值观的认同，给予主体归属感、所在感，实现提升个人品德的目的。因此，公务员要学习先进典型的事迹，从他们艰苦奋斗、服务为民、忠诚国家的真实故事中产生情感共鸣，在他们的事迹中感悟自身的责任和使命，从而更加坚定从事公共服务的决心。

（二）对标对表找差距

在学习先进典型模范的过程中，公务员应当对照自身，查找差距、补齐短板、促进提升。要见贤思齐，个人要主动对标先进人物，从他们的事迹中学习他们服务国家发展大局、为党为人民奋斗的大局精神，学习他们以小我成就大我、舍己为国为民的奉献精神，学习他们勇于担当、善于作为的奋进精神。对标找差距，公务员要深刻认识自身在思想上、意识上、行动上与先进典型的差距，敢于突破自身的不足，努力提高自身思想觉悟并付诸行动。

（三）时刻反思自省

在学习先进榜样的过程中，个人需要经常反思自省才能提高公共服务动机水平。应经常反思自己是否真正意识到个人与人民群众的关系，是否真正将促进人民福祉、社会进步、国家发展融入个人的人生理想，是否在工作中更多地考虑他人和社会的利益而不是个人的私利。反思的力量来自对自身的不断审视，审视自己在思想上的偏差，反省自身的思想和行为还面临什么样的问题、需要如何改进，只有从思想上增强了个人责任感、使命感，才能在榜样学习的过程中提高个人公共服务动机水平。

四、积极参与公共服务活动

动机是激励人们行动的动力，能够引发行为，使行为具有一定方向性，此外在一定动机指引下的行为结果能够反过来促进动机的形成。公共服务动机与公共服务行为是一个双向影响的过程，内心深藏公共价值、公共利益的理念驱使人们主动进行公共服务行为，领悟到个人行为的价值，体会到这一份初心对于他人、社会的积极影响，从而不忘初心，进一步强化公共服务动机。因此，提高个人公共服务动机的有效措施之一就是积极参与公共服务活动，在具体的行动中强化动机，具体途径如下：

(一)积极做好本职工作

公务员的本职工作包含了公共政策的制定、公共政策的执行、社会利益的保障、社会秩序的维护等，这些工作本身就需要个体有热爱人民、热爱服务、乐于奉献的内在动力支撑，日常本职工作能够帮助公务员深化理解自身工作的重要性、必要性。此外，无论是否出于公共服务动机从事公共服务工作，公务员在做这些维护公共利益的工作时，能够较为直观地体会到个人的社会价值，容易产生工作成就感和内心满足感，这些积极的心理反馈将成为进一步强化公共服务动机的内在源泉。例如，在扶贫干部参与扶贫工作的过程中，贫困人口脱贫，贫困县摘帽，这些工作切实改善了一些人的生活，改变了一群人的命运，能够给予公务员强大的精神鼓舞，让他们看到自身价值，从而强化内在的服务动机。

(二)投身社会公益活动

社会公益活动是一系列促进社会公共福利、公众利益产生的社会行为，是社会公众基于内在信仰和良知以及社会责任的内在驱动力，为改善一些社会问题而实施的自愿性、主动性行为。社会公益活动能培育“奉献、友善、互帮、互助”的社会风气和以人为本的人道主义精神，对于社会和谐具有重要意义。个体积极参与社会公益活动不仅能够给他人带来帮助，还能够完善自身，通过直面社会真实存在的问题、人民群众的真实疾苦，个人能意识到自身肩负的社会责任，在具体帮助他人的行动中感受自身行动的意义以及帮助他人的内心获得感，领悟个人存在的社会价值，这些都能够激发人们提高公共服务动机，从而实施下一次的服务行为。

(三)主动深入人民群众

作为国家公职人员，视野不能仅仅停留在办公室以及自己的工作范围内，要多走进社会、走向人民、走入基层，在自下而上的观察中提升思想认识。在基层的观察和实践中，在与人民群众的真实接触中，才能知道目前群众最关心、最迫切需要解决的困难和问题是什么，才能明白这个社会还有很多现实问题没有解决，还有很多人并不能过上很好的生活，我们的国家和社会还需要大家的共同努力才能走向更好。因此，公务员需要主动下基层、接地气，只有亲身体会才能真正在内心构建起个人对于公共利益的同情心、行动力，以及真正地产生为社会利益牺牲自我的内在动机。

参考文献

[1]Perry J L, Wise L R. The motivational bases of public service[J]. Public Administration Review, 1990, 50(3): 367-373.

[2]张廷君. 公务员公共服务动机维度及其特征差异评估——基于中国福建省的数据[Z]//中国行政管理学会2011年年会暨“加强行政管理研究，推动政府体制改革”研讨会论文集. 江苏昆山，2011.

[3]Rainey H G. Reward preferences among public and private managers: In search of the service ethic[J]. American Review of Public Administration, 1982, 16(4): 288-302.

[4]Brewer G A, Selden S C. Whistle blowers in the federal civil service: New evidence of the public service ethic[J]. Journal of Public Administration Research and Theory, 1998, 8(3): 413-439.

[5]Andersen G, Kjeldsen A M. Public service motivation, user orientation, and job satisfaction: A question of employment sector? [J]. International Public Management Journal, 2013, 16(2): 252-274.

[6]Houston D J. "Walking the walk" of public service motivation: Public employees and charitable gifts of time, blood, and money[J]. Journal of Public Administration Research and Theory, 2006, 16(1): 67-86.

[7]Vandenabeele W, Scheepers S, Hondeghem A. Public service motivation in an international comparative perspective: The UK and Germany[J]. Public Policy and Administration, 2006, 21(1): 13-31.

[8]Wright B E, Pandey S K. Public service motivation and the assumption of

person-organization fit [J]. Administration & Society, 2008, 40 (5): 502-521.

[9] Bright L. Does public service motivation really make a difference on the job satisfaction and turnover intentions of public employees? [J]. The American Review of Public Administration, 2008, 38(2): 149-166.

[10]李小华. 西方公共服务动机研究[J]. 理论探讨, 2007(3): 146-149.

[11]叶先宝, 李纾. 公共服务动机: 内涵、检验途径与展望[J]. 公共管理学报, 2008(1): 56-60.

[12]曾军荣. 公共服务动机: 概念、特征与测量[J]. 中国行政管理, 2008, 2(21): 21-24.

[13] Liu B. Evidence of public service motivation of social workers in China[J]. International Review of Administrative Sciences, 2009, 75(2): 349-366.

[14] Liu B, Hu W, Cheng Y. From the west to the east: Validating servant leadership in the Chinese public sector[J]. Public Personnel Management, 2015, 44(1): 25-45.

[15] Kim S, Vandenabeele W, Wright B E, et al. Investigating the structure and meaning of public service motivation across populations: Developing an international instrument and addressing issues of measurement invariance[J]. Journal of Public Administration Research and Theory, 2013, 23(1): 79-102.

[16] Vandenabeele W. Development of a public service motivation measurement scale: Corroborating and extending Perry's measurement instrument [J]. International Public Management Journal, 2008, 11(1): 143-167.

[17] Wright B E, Moynihan D P, Pandey S K. Pulling the levers: Transformational leadership, public service motivation, and mission valence [J]. Public Administration Review, 2012, 72(2): 206-215.

[18] Miao Q, Newman A, Schwarz G, et al. How leadership and public service motivation enhance innovative behavior[J]. Public Administration

Review, 2018, 78(1): 71-81.

[19]王亚华, 舒全峰. 中国乡村治理中的领导力与公共服务动机[J]. 公共管理与政策评论, 2019, 8(5): 23-31.

[20]郑楠, 周恩毅. 我国基层公务员的公共服务动机对职业幸福感影响的实证研究[J]. 中国行政管理, 2017(3): 83-87.

[21]王亚华, 舒全峰. 中国乡村干部的公共服务动机: 定量测度与影响因素[J]. 管理世界, 2018, 34(2): 93-102.

[22]包元杰, 李超平. 公共服务动机的测量: 理论结构与量表修订[J]. 中国人力资源开发, 2016(7): 83-91.

[23]Liu B, Zhang X, Lv X. Compassion as the affective dimension of public service motivation in a Chinese context [J]. Social Behavior and Personality, 2014, 42(2): 245-251.

[24]朱春奎, 吴辰. 公共服务动机对工作满意度的影响研究[J]. 公共行政评论, 2012, 5(1): 83-104.

[25]王浦劬, 孙响. 公务员公共服务动机与社会联系偏好的关联性研究——基于我国四地级市的实证调查[J]. 中共中央党校学报, 2018, 22(5): 89-99.

[26]杨开峰, 杨慧珊. 公共服务动机量表的中国化[J]. 治理研究, 2021, 37(6): 62-76.

[27]Naff K C, Crum J. Working for America: Does public service motivation make a difference? [J]. Review of Public Personnel Administration, 1999, 19(4): 5-16.

[28]Cheng K. Public service motivation and job performance in public utilities [J]. International Journal of Public Sector Management, 2015, 28(4/5): 352-370.

[29]刘晓洋. 公共服务动机绩效促进模型与检验[J]. 学术研究, 2017(5): 62-68.

[30]Liu B, Tang T L. Does the love of money moderate the relationship between

public service motivation and job satisfaction? The case of Chinese professionals in the public sector [J]. Public Administration Review, 2011, 71(5): 718-727.

[31] Liu B, Tang T L, Yang K. When does public service motivation fuel the job satisfaction fire? The joint moderation of person-organization fit and needs-supplies fit [J]. Public Management Review, 2015, 17(6): 876-900.

[32] Park S M, Rainey H G. Antecedents, mediators, and consequences of affective, normative, and continuance commitment: Empirical tests of commitment effects in federal agencies [J]. Review of Public Personnel Administration, 2007, 27(3): 197-226.

[33] Ritz A, Giauque D, Varone F, et al. From leadership to citizenship behavior in public organizations [J]. Review of Public Personnel Administration, 2013, 34(2): 128-152.

[34] 陈振明, 林亚清. 政府部门领导关系型行为影响下属变革型组织公民行为吗? ——公共服务动机的中介作用和组织支持感的调节作用[J]. 公共管理学报, 2016, 13(1): 11-20.

[35] 刘帮成, 周杭, 洪风波. 公共部门高承诺工作系统与员工建言行为关系研究: 基于公共服务动机的视角[J]. 管理评论, 2017, 29(1): 62-69.

[36] 谭新雨, 汪艳霞. 公共服务动机视角下服务型领导对公务员建言行为的影响[J]. 软科学, 2017, 31(8): 51-55.

[37] Giauque D, Anderfuhren-Biget S, Varone F. Stress perception in public organisations[J]. Review of Public Personnel Administration, 2012, 33(1): 58-83.

[38] van Loon N M, Vandenabeele W, Leisink P. On the bright and dark side of public service motivation: The relationship between PSM and employee wellbeing[J]. Public Money & Management, 2015, 35(5): 349-356.

[39] Perry J L. Bringing society in: Toward a theory of public service motivation[J]. Journal of Public Administration Research and Theory, 2000, 10(2): 471-488.

[40] Moynihan D P, Pandey S K. The role of organizations in fostering public service motivation[J]. Public Administration Review, 2007, 67(1): 40-53.

[41] Schwarz G, Newman A, Cooper B. Servant Leadership and follower job performance: The mediating effect of public service motivation[J]. Public Administration, 2016, 94(4): 1025-1041.

[42] Jin M H, Mcdonald B, Park J. Does public service motivation matter in public higher education? Testing the theories of person-organization fit and organizational commitment through a serial multiple mediation model[J]. The American Review of Public Administration, 2016, 48(1): 82-97.

[43] 林亚清，张宇卿．领导成员交换关系会影响公务员变革型组织公民行为吗？——变革义务感的中介作用与公共服务动机的调节作用[J]．公共行政评论，2019，12(1)：132-150.

[44] Kim M Y, Park S M. Antecedents and outcomes of acceptance of performance appraisal system in Korean non-profit organizations[J]. Public Management Review, 2017, 19(4): 479-500.

[45] 陈鼎祥．我国公共服务动机的研究综述与展望[J]．管理现代化，2020，40(2)：123-125.

[46] 朱春奎，吴辰，朱光楠．公共服务动机研究述评[J]．公共行政评论，2011，4(5)：147-160.

[47] 李锐，毛寿龙．公共服务动机文献综述研究[J]．现代管理科学，2015(2)：100-102.

[48] 苗青．公共服务动机理论的中国场景：新框架和新议程[J]．公共管理与政策评论，2019，8(5)：18-22.

[49] Bao Y, Ge L. Linking transformational leadership and value congruence

among Chinese police force: The mediating role of goal clarity and the moderating role of public service motivation [J]. Australian Journal of Public Administration, 2019, 78(3): 373-395.

[50]胥彦,李超平.人口统计学特征对公共服务动机有什么影响?——来自元分析的证据[J].心理科学进展,2020:1-19.

[51]Hunter J E, Schmidt F. Methods of meta-analysis: Correcting error and bias in research findings[M]. Thousand Oaks: Sage Publications, Inc., 2004.

[52]Harari M B, Herst D, Parola H R, et al. Organizational correlates of public service motivation: A meta-analysis of two decades of empirical research [J]. Journal of Public Administration Research and Theory, 2017, 27(1): 68-84.

[53]Awan S, Bel G, Esteve M. The benefits of PSM: An oasis or a mirage? [J]. Journal of Public Administration Research and Theory, 2020 (5): 17-18.

[54]Parola H R, Harari M B, Herst D E, et al. Demographic determinants of public service motivation: a meta analysis of PSM age and gender relationships [J]. Public Management Review, 2018, 21 (10): 1397-1419.

[55]Perry J L. Measuring public service motivation: An assessment of construct reliability and validity[J]. Journal of Public Administration Research and Theory, 1996, 6(1): 5-22.

[56]Liu B, Tang N, Zhu X. Public service motivation and job satisfaction in China: An investigation of generalisability and instrumentality [J]. International Journal of Manpower, 2008, 29(8): 684-699.

[57]Bao Y, Zhong W. Public service motivation matters: Examining the differential effects of challenge and hindrance stressors on organizational identification and turnover intention [J]. Public Management Review, 2019(11): 1-22.

[58]刘帮成．中国场景下的公共服务动机研究：一个系统文献综述[J]．公共管理与政策评论，2019，8(5)：3-17.

[59]张琳，和悦．基于 Citespace 的我国公共服务动机文献计量分析[J]．经济师，2021(4)：26-27.

[60]Perry J L. Antecedents of public service motivation[J]. Journal of Public Administration Research and Theory，1997，7(2)：181-197.

[61]Dulin A M. A lesson on social role theory：An example of human behavior in the social environment theory[J]. Advances in Social Work，2007，8(1)：104-112.

[62]Koenig A M，Eagly A H. Evidence for the social role theory of stereotype content：Observations of groups' roles shape stereotypes[J]. Journal of Personality and Social Psychology，2014，107(3)：371-392.

[63]Bright L. Public employees with high levels of public service motivation：Who are they，where are they，and what do they want?[J]. Review of Public Personnel Administration，2005，25(2)：138-154.

[64]刘帮成，陈鼎祥．何以激发基层干部担当作为：一个战略性人力资源管理分析框架[J]．公共行政评论，2019，12(6)：6-19.

[65]谢菊兰，马红宇，唐汉瑛．性别对工作→家庭冲突的影响机制：基于社会角色理论的实证分析[J]．心理科学，2015，38(1)：191-195.

[66]刘洛莹．大学生公共服务动机现状及影响因素分析[J]．人才资源开发，2019(1)：17-18.

[67]Riccucci N M. Antecedents of public service motivation：The role of gender[J]. Perspectives on Public Management and Governance，2018，1(2)：115-126.

[68]Hsieh C. No one can serve two masters：revisiting the interaction effect of love of money and public service motivation on job satisfaction[J]. Public Performance & Management Review，2018，41(4)：745-767.

[69]Liu B，Yang K，Yu W. Work-related stressors and health-related outcomes

in public service[J]. The American Review of Public Administration, 2014, 45(6): 653-673.

[70] Meng F, Wu J. Policy expectation moderates the relationship between merit pay policy effectiveness and public service motivation[J]. Social Behavior and Personality, 2017, 45(8): 1305-1318.

[71] 丁淼淼. 公共部门服务型领导、组织认同与公共服务动机关系研究[D]. 厦门大学, 2018.

[72] 张竞. 职业认同感与公共价值选择对公共服务动机影响研究[D]. 广西民族大学, 2018.

[73] Sun X, Wu M, Chen Q. Ego depletion and self-control: The moderating role of public service motivation[J]. Social Behavior and Personality, 2019, 47(11): 1-14.

[74] 赵琛徽, 翟欣婷. 大学生公共服务动机的提升路径研究——基于道德认同和志愿服务经历的作用[J]. 江西社会科学, 2020, 40(3): 221-233.

[75] 朱光楠. 公共服务动机对工作投入及工作满意度的影响效应研究[D]. 复旦大学, 2012.

[76] 田小龙. 服务型政府建设路径的研究述评[J]. 公共管理与政策评论, 2020, 9(5): 87-96.

[77] 吴宗宪. 公共服务动机是提升文官表现的万灵丹吗?——台南市政府公务员之实证研究[Z]//2012 城市国际化论坛——世界城市: 规律、趋势与战略选择. 北京, 2012.

[78] 于海波, 安然. 新形势下公务员缓解工作倦怠的二元路径——以工作重塑和心理授权为中介变量[J]. 中国行政管理, 2018(9): 123-129.

[79] 李温章. 窗口政务人员公共服务动机对工作满意度的影响: 情绪劳动策略的调节作用[D]. 鲁东大学, 2018.

[80] Miao Q, Eva N, Newman A, et al. Public service motivation and performance: The role of organizational identification[J]. Public Money &

Management, 2019, 39(2): 77-85.

[81] Moynihan D P, Pandey S K. The big question for performance management: Why do managers use performance information? [J]. Journal of Public Administration Research and Theory, 2010, 20(4): 849-866.

[82] Zhu C, Wu C. Public service motivation and organizational performance in Chinese provincial governments[J]. Chinese Management Studies, 2016, 10(4): 770-786.

[83] 方俊，喻帅，吴玉洁. 组织承诺对公务员工作投入的影响：以公共服务动机为中介变量——基于X市某区级政府的实证研究[J]. 华南理工大学学报(社会科学版), 2020, 22(2): 112-123.

[84] Camilleri E. Antecedents affecting public service motivation[J]. Personnel Review, 2007, 36(3): 356-377.

[85] 段哲哲，2000年以来中国台湾地区公务员公共服务动机及其对工作投入的影响[J]. 公共管理评论, 2018(2): 77-97.

[86] 葛蕾蕾. 公共服务动机对公务员绩效的影响——个人—组织匹配的调节作用[J]. 山东社会科学, 2016(3): 139-144.

[87] 戴露懿. 窗口服务单位工作人员职业认同对工作投入的影响研究[D]. 华东师范大学, 2018.

[88] 谭新雨. 外部环境变迁、服务动机激励与基层公务员变革行为——基于中国4省基层公务员调查的混合研究[J]. 公共行政评论, 2019, 12(6): 63-84.

[89] Wright B E, Grant A M. Unanswered questions about public service motivation: Designing research to address key issues of emergence and effects[J]. Public Administration Review, 2010, 70(5): 691-700.

[90] Liu B, Zhang X, Du L, et al. Validating the construct of public service motivation in for profit organizations: A preliminary study [J]. Public Management Review, 2015, 17(2): 262-287.

[91] Jang C. The effect of personality traits on public service motivation:

Evidence from Taiwan[J]. Social Behavior and Personality, 2012, 40(5): 725-733.

[92]Tang P, Arocas R L, Sutarso T, et al. Does the love of money moderate and mediate the income-pay satisfaction relationship? [J]. Journal of Managerial Psychology, 2004, 19(2): 111-135.

[93]Tang T L, Chiu R K. Income, money ethic, pay satisfaction, commitment, and unethical behavior: Is the love of money the root of evil for Hong Kong employees? [J]. Journal of Business Ethics, 2003, 46(1): 13-30.

[94]薛立强, 李德伟. 中国公务员激励问题研究述评: 现状、问题与展望[J]. 公共管理与政策评论, 2019, 8(4): 81-96.

[95]柯紫薇. 变革型领导对公务员工作绩效的影响[D]. 湖南师范大学, 2015.

[96]刘伟. 非盈利组织员工的公共服务动机分析[J]. 北京行政学院学报, 2014(4): 112-117.

[97]Tang T L. The meaning of money revisited[J]. Journal of Organizational Behavior, 1992, 13(2): 197-202.

[98]刘华兴, 王铮. 基层公务员公共服务动机测量[J]. 上海交通大学学报(哲学社会科学版), 2022, 30(1): 107-122.

[99]Bass B M. Two decades of research and development in transformational leadership[J]. European Journal of Work and Organizational Psychology, 1999, 8(1): 9-32.

[100]葛蕾蕾. 变革型领导对公务员工作态度的影响——公共服务动机的中介效应研究[J]. 烟台大学学报(哲学社会科学版), 2016, 29(3): 111-120.

[101]史梦青. 变革型领导对公务员公共服务动机影响的实证研究[D]. 南京大学, 2017.

[102]Bao Y, Li C, Zhao H. Servant leadership and engagement: A dual mediation model[J]. Journal of Managerial Psychology, 2018, 33(6):

406-417.

[103]柯江林，闫晓岑，蒋一凡．公仆式领导对公务员下属服务动机的双元激发路径：职场精神力与 LMX 中介视角[J]．中国行政管理，2020(3)：92-100.

[104]唐健，方振邦．服务型领导对公务员创新行为的影响机制[J]．上海交通大学学报(哲学社会科学版)，2020，28(2)：88-98.

[105]Liu B，Perry J L，Tan X，et al. A cross-level holistic model of public service motivation[J]．International Public Management Journal，2017，21(5)：703-728.

[106]Song M，Kwon I，Cha S，et al. The effect of public service motivation and job level on bureaucrats' preferences for direct policy instruments[J]．Journal of Public Administration Research and Theory，2016，27(1)：36-51.

[107]Chen C，Hsieh C. Knowledge sharing motivation in the public sector：the role of public service motivation [J]．International Review of Administrative Sciences，2015，81(4)：812-832.

[108]Coursey D H，Pandey S K. Public service motivation measurement：Testing an abridged version of Perry's proposed scale[J]．Administration & Society，2007，39(5)：547-568.

[109]Kim S. National culture and public service motivation：Investigating the relationship using Hofstede's five cultural dimensions [J]．International Review of Administrative Sciences，2017，8(3)：23-40.

[110]Wright B E，Christensen R K，Pandey S K. Measuring public service motivation：Exploring the equivalence of existing global measures [J]．International Public Management Journal，2013，16(2)：197-223.

[111]Liu B，Perry J L. The psychological mechanisms of public service motivation：A two-wave examination [J]．Review of Public Personnel Administration，2016，36(1)：4-30.

[112] Noble J H. Meta-analysis：Methods，strengths，weaknesses，and political uses[J]. Journal of Laboratory and Clinical Medicine，2006，147(1)：7-20.

[113] Field A P，Gillett R. How to do a meta-analysis[J]. British Journal of Mathematical and Statistical Psychology，2010，63(3)：665-694.

[114] Schmidt F L，Hunter J E. Methods of Meta-Analysis：Correcting Error and Bias in Research Findings[M]. Thousand Oaks，CA：Sage，2014.

[115] Homberg F，McCarthy D，Tabvuma V. A meta-analysis of the relationship between public service motivation and job satisfaction [J]. Public Administration Review，2015，75(5)：711-722.

[116] 蔡亚华，贾良定，万国光．变革型领导与员工创造力：压力的中介作用[J]．科研管理，2015，36(8)：112-119.

[117] 李超平，毛凯贤．服务型领导影响工作繁荣的动态双向机制[J]．心理科学进展，2018，26(10)：1734-1748.

[118] Ma L，Tang H，Yan B. Public employees' perceived promotion channels in local China：Merit-based or guanxi-orientated? [J]. Australian Journal of Public Administration，2015，74(3)：283-297.

[119] Yung Betty. In what way is confucianism linked to public service motivation? Philosophical and classical insights[J]. International Journal of Public Administration，2014，37(5)：281-287.

[120] 李明．公共服务动机的跨文化研究及其中国文化本位内涵[J]．心理研究，2014，7(3)：14-21.

[121] 张平，刘伟民．公共服务动机如何影响工作绩效：促进还是干扰？——来自元分析的证据[J]．东北大学学报(社会科学版)，2020，22(4)：47-56.

[122] 刘婷．公共服务动机对公共部门雇员组织公民行为的影响机理[D]．浙江大学，2016.

[123] 邱茜．公务员公共服务动机对组织公民行为的影响——基于山东省

17 地市的实证研究[J]. 中国行政管理，2017(6)：69-74.

[124] Chen C，Hsieh C. Does pursuing external incentives compromise public service motivation? Comparing the effects of job security and high pay[J]. Public Management Review，2014，17(8)：1190-1213.

[125] Gan K, Mou J，Du X. Research on the impact of public service motivation on job satisfaction：Taking the Chinese civil servants for example[C]. International Conference on Public Management，2014.

[126] 张力，袁伦渠．我国公务员多维激励框架的构建——一个基于委托代理理论的分析[J]. 安徽大学学报(哲学社会科学版)，2007(6)：77-80.

[127] Liu B，Hui C，Hu J，et al. How well can public service motivation connect with occupational intention? [J]. International review of administrative sciences，2011，77(1)：191-211.

[128] 刘颖，魏娜，周东歌．社会组织志愿者领导风格对下属行为和动机的影响研究[J]. 中共中央党校(国家行政学院)学报，2019，23(2)：119-127.

[129] Taylor J，Westover J H. Job satisfaction in the public service：The effects of public service motivation，workplace attributes and work relations[J]. Public Management Review，2011，13(5)：731-751.

[130] Kim S，et al. Determinants of job satisfaction and turnover intentions of public employees：Evidence from US federal agencies[J]. International Review of Public Administration，2014，19(1)：63-90.

[131] Leisink P，Steijn B. Public service motivation and job performance of public sector employees in the Netherlands[J]. International Review of Administrative Sciences，2009，75(1)：35-52.

[132] 谭新雨，刘帮成，汪艳霞．激励—贡献导向下心理契约差异对公务员离职倾向的影响——基于公共服务动机和变革态度的综合分析[J]. 公共管理学报，2017，14(4)：27-43.

[133] Miao Q, Newman A, Schwarz G, et al. How leadership and public service motivation enhance innovative behavior[J]. Public Administration Review, 2018, 78(1): 71-81.

[134] Li M, Wang Z. Emotional labour strategies as mediators of the relationship between public service motivation and job satisfaction in Chinese teachers[J]. International Journal of Psychology, 2016, 51(3): 177-184.

[135] 吕晓俊，徐向茹，孙亦沁．基层公务员的情绪劳动、组织公正和工作压力的关系研究——以上海市若干行政区为例[J]. 管理学报，2012，9(10)：1464-1469.

[136] 杨靖云．公务员公共服务动机促进绩效研究[D]. 福建师范大学，2013.

[137] Locke E A. What is job satisfaction? [J]. Organizational Behavior and Human Performance, 1969, 4(4): 309-336.

[138] Taylor J. Organizational influences, public service motivation and work outcomes: An australian study[J]. International Public Management Journal, 2008, 11(1): 67-88.

[139] 刘华兴．公共行政场域视角下的青年公务员工作满意度研究——基于驻鲁高校 MPA 群体的调查[J]. 管理学刊，2020，33(1)：82-93.

[140] 马岩，冷秀华．纳税服务人员公共服务动机对工作满意度的影响——情绪劳动的中介作用[J]. 税务研究，2018(1)：106-113.

[141] 赵晨，高中华．公共服务动机视域下公务员工作满意度对行为绩效的影响[J]. 首都经济贸易大学学报，2014，16(6)：45-52.

[142] 刘昕，王许阳，姜炜．我国公务员的工作价值观对工作满意度的影响——以公共服务动机为中介变量[J]. 中国行政管理，2016(12)：83-88.

[143] Qi F, Wang W. Employee involvement, public service motivation, and perceived organizational performance: Testing a new model[J].

International Review of Administrative Sciences, 2016, 84(4): 746-764.

[144]吴绍宏. 公务员的工作满意度、组织承诺与公共服务动机的关系探讨——以澳门特区政府公务员为例[J]. 中国人力资源开发, 2010(9): 104-106.

[145] Schaufeli W B, Bakker A B, Salanova M. The measurement of work engagement with a short questionnaire: A cross-national study [J]. Educational and Psychological Measurement, 2006, 66(4): 701-716.

[146]孟凡蓉, 吴建南. 公共服务动机视角下绩效工资公平感对工作投入的影响[J]. 西安交通大学学报(社会科学版), 2014, 34(1): 61-69.

[147]朱光楠, 李敏, 严敏. 公务员公共服务动机对工作投入的影响研究[J]. 公共行政评论, 2012, 5(1): 122-144.

[148]陈文春, 张义明, 陈桂生. 从职业认同到工作投入: 公共服务动机的中介作用与自我效能感的调节作用[J]. 中国人力资源开发, 2018, 35(2): 118-128.

[149]罗兴雷, 王松. 农村基层干部公共服务动机与工作投入研究[J]. 农村经济与科技, 2020, 31(5): 279-280.

[150]Meyer J P, Allen N J. A three complement conceptualization of organizational commitment[J]. Human Resource Management Review, 1991, 1(1): 61-89.

[151]祝军, 钟坚龙. 共青团干部公共服务动机对组织承诺的影响研究——以北京市221名专职团干部为分析对象[J]. 山东青年政治学院学报, 2014, 30(4): 63-68.

[152]Kristof A L. Person-organization fit: An integrative review of its conceptualizations, measurement, and implications [J]. Personnel Psychology, 2010, 49(1): 1-49.

[153]Zhang Y, Kuo M F, Guo J, et al. How do intrinsic motivations, work-related opportunities, and well-being shape bureaucratic corruptibility? [J]. Public Administration Review, 2019, 79(4): 552-564.

[154]Tajfel H, Turner J. An integrative theory of intergroup conflict[J]. Social Psychology of Intergroup Relations, 1979(33): 94-109.

[155]Ashforth B E, Mael F. Social identity theory and the organization[J]. Academy of Management Review, 1989, 14(1): 20-39.

[156]Mobley W H, Horner S O, Hollingsworth A T. An evaluation of precursors of hospital employee turnover[J]. Journal of Applied Psychology, 1978, 63(4): 408-414.

[157]陈鼎祥，刘帮成，隆添伊．基于嵌入视角的公务员离职意愿分析[J]．上海交通大学学报(哲学社会科学版)，2019，27(4)：120-129.

[158]陈鼎祥，刘帮成．公益组织员工离职倾向的心理机制研究[J]．管理学刊，2019，32(4)：41-51.

[159]Borman W C, Motowidlo S J. Task performance and contextual performance: The meaning for personnel selection research[J]. Human Performance, 1997, 10(2): 99-109.

[160]Podsakoff Philip M, Mackenzie Scott B. Impact of organizational citizenship behavior on organizational performance: A review and suggestion for future research[J]. Human Performance, 1997, 10(2): 133.

[161]Wang X, Wang Z. Beyond efficiency or justice: The structure and measurement of public servants' public values preferences[J]. Administration & Society, 2020, 52(4): 499-527.

[162]Deng J, Guo Y, Ma T, et al. How job stress influences job performance among Chinese healthcare workers: A cross-sectional study[J]. Environmental Health and Preventive Medicine, 2019, 24(1): 11.

[163]李小华，董军．公务员公共服务动机对个体绩效的影响研究[J]．公共行政评论，2012，5(1)：105-121.

[164]Pandey S K, Wright B E, Moynihan D P. Public service motivation and

interpersonal citizenship behavior in public organizations: Testing a preliminary model[J]. International Public Management Journal, 2008, 11(1): 89-108.

[165]Cun X. Public service motivation and job satisfaction, organizational citizenship behavior[J]. Chinese Management Studies, 2012, 6(2): 330-340.

[166]孟凡蓉，马新奕．公共服务动机与工作绩效的关系研究[J]．统计与决策，2010(17)：107-109.

[167]马秀玲，梅争超．乡镇政府公务员的组织承诺对其工作绩效的影响——以公共服务动机为中介变量[J]．甘肃理论学刊，2017(6)：153-160.

[168]孙思睿，刘帮成．表面和谐如何影响社区公民行为？——来自公共部门变革情境下的探索[J]．珞珈管理评论，2019(3)：1-18.

[169]Liang J, Farh C, Farh J L. Psychological antecedents of promotive and prohibitive voice: A two-wave examination [J]. The Academy of Management Journal, 2012, 55(1): 71-92.

[170]康慧慧，吴红梅．建言还是沉默——公共服务动机对基层公务员建言行为的影响[J]．兰州工业学院学报，2020，27(3)：91-97.

[171]洪风波．中国公共部门建言行为的内容与结构研究[D]．上海交通大学，2016.

[172]张书维，顾琼，杨黎婧．对党忠诚与建言行为：公职人员的“忠谏”之路[J]．公共行政评论，2019，12(6)：38-62.

[173]Vigoda-Gadot E, Beeri I. Change-oriented organizational citizenship behavior in public administration: The power of leadership and the cost of organizational politics[J]. Journal of Public Administration Research and Theory, 2011(11): 51.

[174]王宁宁．公务员变革型组织公民行为的形成机制研究[D]．哈尔滨师范大学，2018.

[175] Cavanaugh M A, Boswell W R, Roehling M V, et al. An empirical examination of self-reported work stress among U. S. managers[J]. Journal of Applied Psychology, 2000, 85(1): 65-74.

[176] Deng J, Li Y, Sun Y, et al. Public service motivation as a mediator of the relationship between job stress and presenteeism: A cross-sectional study from Chinese public hospitals[J]. BMC Health Services Research, 2019, 19(1): 57.

[177] Deng J, Sun Y, Lei R, et al. Job stress and healthcare quality among Chinese healthcare workers: The mediating effects of public service motivation[J]. American journal of health behavior, 2019, 43(4): 705-716.

[178] Lazarus R S, Folkman S. Transactional theory and research on emotions and coping[J]. European Journal of Personality, 1987, 1(3): 141-169.

[179] Eldor L. Public service sector: The compassionate workplace —— The effect of compassion and stress on employee engagement, burnout, and performance[J]. Journal of Public Administration Research and Theory, 2018, 28(1): 86-103.

[180] Shim D C, Park H H, Eom T H. Street-level bureaucrats' turnover intention: Does public service motivation matter? [J]. International Review of Administrative Sciences, 2017, 83(3): 563-582.

[181] 张素红. 基于工作要求——资源方法的公共服务动机研究与启示[J]. 管理学刊, 2018, 31(1): 54-62.

[182] Hochschild, Russell A. Emotion work, feeling rules, and social structure [J]. American Journal of Sociology, 1979, 85(3): 551-575.

[183] Hsieh C W, Yang K, Fu K J. Motivational bases and emotional labor: Assessing the impact of public service motivation [J]. Public Administration Review, 2012, 72(2): 241-251.

[184] Kim S. Does person-organization fit matter in the public sector? Testing the

mediating effect of person-organization fit in the relationship between public service motivation and work attitudes[J]. Public Administration Review, 2012, 72(6): 830-840.

[185]Grandey Alicia A. Emotional regulation in the workplace: A new way to conceptualize emotional labor [J]. Journal of Occupational Health Psychology, 2000, 5(1): 95-110.

[186]杨靖云，张廷君．公共服务动机绩效促进学说与模型建构[J]．成都行政学院学报，2012(1)：7-11.

[187]Jensen U T, Vestergaard C F. Public service motivation and public service behaviors: Testing the moderating effect of tenure[J]. Journal of Public Administration Research & Theory, 2017, 27(1): 52-67.

[188]Aguinis H, Dalton D R, Bosco F A, et al. Meta-analytic choices and judgment calls: Implications for theory building and testing, obtained effect sizes, and scholarly impact[J]. Journal of Management Official, 2011, 37(1): 5-38.

[189]文博，陶磊．中国情境下公共服务动机的理论构建与绩效转换机制[J]．心理科学进展，2022，30(2)：239-254.

[190]郭青青．公共服务动机研究：文献评价与发展趋势[J]．重庆行政，2019，20(2)：47-49.

[191]Rothstein H, Sutton A, Borenstein M. Publication bias in Meta-analysis: Prevention, assessment and adjustments[G]. John Wiley & Sons, Ltd, 2005.

[192]Schneider B. The people make the place[J]. Personnel psychology, 1987, 40(3): 437-453.

[193]Wright B E, Christensen R K. Public service motivation: A test of the job attraction-selection-attrition model[J]. International Public Management Journal, 2010, 13(2): 155-176.

[194]Hinna A, Homberg F, Scarozza D, et al. Public service motivation and

public sector employment preference: Comparing Italian and British students[J]. Public Money & Management, 2021, 41(1): 46-54.

[195] Lee G, Choi D L. Does public service motivation influence the college students' intention to work in the public sector? Evidence from Korea[J]. Review of Public Personnel Administration, 2015, 36(2): 145-163.

[196] Ko K, Jun K. A comparative analysis of job motivation and career preference of Asian undergraduate students [J]. Public Personnel Management, 2015, 44(2): 192-213.

[197] 陈宇红. 大学生就业压力及其应对方式的调查研究[D]. 华中师范大学, 2005.

[198] 金窗爱, 金喜在. 女性职业发展的阻碍因素分析及对策建议[J]. 甘肃社会科学, 2012(1): 161-164.

[199] 刘武, 朱晓楠. 服务接受者满意度指数模型: 服务型政府绩效评估的新方法及其应用[J]. 公共管理研究, 2006(5): 114-128.

[200] Schein E H. How career anchors hold executives to their career paths[J]. Personnel, 1975, 52(3): 11-24.

[201] 薛松. 新时期我国节约型政府建设研究[D]. 河北师范大学, 2014.

[202] 吴蔚沁, 徐强, 冯君, 2020 年上海市公共建筑能耗监测平台能耗数据分析[J]. 上海节能, 2021(7): 673-678.

[203] Ones D, Dilchert S. Employee green behaviors [J]. Managing HR for environmental sustainability, 2012(6): 85-116.

[204] 唐贵瑶, 陈琳, 孙玮. 如何让员工"爱司所爱, 行司所行"?——基于社会信息处理理论的绿色人力资源管理与员工绿色行为关系研究[J]. 南开管理评论, 2021, 24(5): 185-193.

[205] 彭坚, 尹奎, 侯楠. 如何激发员工绿色行为?——绿色变革型领导与绿色人力资源管理实践的作用[J]. 心理学报, 2020, 52(9): 1105-1120.

[206] Abdelmotaleb M, Saha S K. Corporate social responsibility, public service

motivation and organizational citizenship behavior in the public sector[J]. International Journal of Public Administration, 2019, 42(11): 929-939.

[207] Sarnacchiaro P, Camminatiello I, Ambra L, et al. How does public service motivation affect teacher self-reported performance in an education system? Evidence from an empirical analysis in Italy [J]. Quality & quantity, 2019, 53(5): 2521-2533.

[208] Katz I M, Rauvola R S, Rudolph C W, et al. Employee green behavior: A meta-analysis [J]. Corporate Social Responsibility and Environmental Management, 2022(7): 11.

[209] 李桂花，杜颖．"绿水青山就是金山银山"生态文明理念探析[J]．新疆师范大学学报(哲学社会科学版)，2019，40(4)：43-51.

[210] Kim A, Kim Y, Han K, et al. Multilevel influences on voluntary workplace green behavior: Individual differences, leader behavior, and coworker advocacy [J]. Journal of Management, 2017, 43 (5): 1335-1358.

[211] Ones D S, Dilchert S. Employee green behaviors[J]. Managing human resources for environmental sustainability, 2012(32): 85-116.

[212] Schwartz S H. Normative influences on altruism [M]. Acadmic Press, 1977.

[213] Mischel W. Personality and assessment[M]. Psychology Press, 1968.

[214] Moussaoui L S, Desrichard O, Milfont T L. Do environmental prompts work the same for everyone? A test of environmental attitudes as a moderator [J]. Frontiers in Psychology, 2020(10): 30-57.

[215] 林亚清，张宇卿．领导成员交换关系会影响公务员变革型组织公民行为吗？——变革义务感的中介作用与公共服务动机的调节作用[J]．公共行政评论，2019，12(1)：132-150.

[216] Azhar A, Yang K. Workplace and non-workplace pro-environmental behaviors: Empirical evidence from Florida city governments[J]. Public

Administration Review, 2018, 79(3): 399-410.

[217] Azhar A, Yang K. Examining the influence of transformational leadership and green culture on pro-environmental behaviors: Empirical evidence from Florida city governments [J]. Review of Public Personnel Administration, 2021: 734371X-211027347X.

[218] Onwezen M C, Antonides G, Bartels J. The norm activation model: An exploration of the functions of anticipated pride and guilt in pro-environmental behaviour [J]. Journal of Economic Psychology, 2013 (39): 141-153.

[219] Fornara F, Pattitoni P, Mura M, et al. Predicting intention to improve household energy efficiency: The role of value-belief-norm theory, normative and informational influence, and specific attitude [J]. Journal of Environmental Psychology, 2016(45): 1-10.

[220] Blok V, Wesselink R, Studynka O, et al. Encouraging sustainability in the workplace: A survey on the pro-environmental behaviour of university employees [J]. Journal of cleaner production, 2015, 106(7): 55-67.

[221] Liere K D, Dunlap R E. Moral norms and environmental behavior: An application of Schwartz's norm-activation model to yard burning [J]. Journal of Applied Social Psychology, 1978, 8(2): 174-188.

[222] Ybarra O, Trafimow D. How priming the private self or collective self affects the relative weights of attitudes and subjective norms [J]. Personality and Social Psychology Bulletin, 1998, 24(4): 362-370.

[223] Bissing Olson M J, Iyer A, Fielding K S, et al. Relationships between daily affect and pro-environmental behavior at work: The moderating role of pro-environmental attitude [J]. Journal of Organizational Behavior, 2013, 34(2): 156-175.

[224] Lopes J R N, et al. A new model for assessing industrial worker behavior regarding energy saving considering the theory of planned behavior, norm

activation model and human reliability[J]. Resources, Conservation and Recycling, 2019, 145(7): 268-278.

[225] Hayes A F. An index and test of linear moderated mediation[J]. Multivariate Behavioral Research, 2015, 50(1): 1-22.

[226] Hamidullah M F, Van Ryzin G G, Li H. The agreeable bureaucrat: personality and PSM[J]. International Journal of Public Sector Management, 2016, 29(6): 582-595.

[227]祁凡骅. 莫让"平均主义"污染了绩效考核一池清水[J]. 人民论坛, 2018(34): 50-51.

[228]陈榕榕, 刘佳. 公务员绩效评估公正感对公共服务动机的影响——基于西部某市的实证研究[J]. 领导科学论坛, 2021(3): 24-37.

[229]于君博, 滕亮. 名校选调生: 政策创新还是人才浪费——基于J省的案例研究[J]. 甘肃行政学院学报, 2015(2): 31-42.

[230]孙德超, 周媛媛. 变"压力"为"动力"——基于公共服务动机理论的基层扶贫干部工作压力研究[J]. 吉林大学社会科学学报, 2020, 60(2): 159-166.

[231]陈鼎祥, 刘帮成. 伦理型领导影响基层公务员变革导向组织公民行为的实证研究[J]. 中南大学学报(社会科学版), 2021, 27(3): 100-111.

[232]汪光炜, 卫旭华. 职业声誉感知何以影响基层公务员公共服务动机: 被调节的中介模型[J]. 公共管理评论, 32(2): 105-129.

附录一：调 查 问 卷[①]

大学生问卷调查

亲爱的各位同学：

我们目前正在开展关于大学生工作价值观的毕业问卷调查，恳请您提供相关信息。问卷采取匿名方式填写，收集的数据仅用于统计分析，您的所有信息均不会泄露，请您放心填写。

【第一部分】个人信息

Q1：您的性别[单选题]

A. 男　　B. 女

Q2：您的户籍[单选题]

A. 城市户口　　B. 农村户口

Q3：您是否为独生子女[单选题]

A. 是　　B. 否

Q4：您的政治面貌[单选题]

A. 党员(含预备党员)　　B. 团员　　C. 群众

Q5：您的父母或亲属是否在国有企业、党政机关、事业单位任职[单选题]

---

① 此为第五章调查问卷。

A. 是　　　　　　　　　　B. 否

Q6：您理想的就业单位排序是[排序题]

A. 公共部门(包含党政机关、国有企业或事业单位)

B. 民营企业(包含私营企业、中外合资或外资企业)

C. 自主创业或其他

Q7：您毕业后会考虑到公共部门(包含党政机关、国有企业、事业单位)工作吗[单选题]

A. 完全不考虑

B. 别无选择时才会考虑

C. 略微愿意

D. 比较愿意

E. 非常愿意

【第二部分】请根据您的感受在相应的数字上打“✓”，所选数字越大表示对该项越赞同。即：

1：完全不同意　2：比较不同意　3：既不同意也不反对　4：基本同意　5：完全同意

	题　项	您的同意程度
T1	疫情期间，您对人身、财产安全受到政府保护程度是否满意	1　2　3　4　5
T2	疫情期间，您对政府办事效率是否满意	1　2　3　4　5
T3	疫情期间，您对政府信息公开程度是否满意	1　2　3　4　5
T4	疫情期间，您对防疫工作人员服务态度是否满意	1　2　3　4　5
T5	疫情期间，您对防疫物资分配是否满意	1　2　3　4　5
T6	疫情期间，您对政府防疫政策是否满意	1　2　3　4　5
T7	目前为止，你对各级政府在抗击疫情工作中的表现感到满意吗	1　2　3　4　5

1：完全不同意　2：比较不同意　3：既不同意也不反对　4：基本同意　5：完全同意

	题　　项	您的同意程度
T1	有意义的公益活动对我很重要	1　2　3　4　5
T2	对我而言，为社会公益作贡献很重要	1　2　3　4　5
T3	我认为，公民机会均等很重要	1　2　3　4　5
T4	公务员的行为一定要符合伦理规则	1　2　3　4　5
T5	当看到他人遇到困难时，我会很难受	1　2　3　4　5
T6	当看到他人遭到不公正对待时，我会很气愤	1　2　3　4　5
T7	我愿意为社会公益付出个人努力	1　2　3　4　5
T8	我愿意为了社会公益而牺牲自身的利益	2　3　4　5

1：完全不同意　2：比较不同意　3：既不同意也不反对　4：基本同意　5：完全同意

	题　　项	您的同意程度
T1	追求稳定和安全的生活是我所向往的	1　2　3　4　5
T2	工作环境带给我的安全感是我选择留下的原因	1　2　3　4　5
T3	能够提供安全感、稳定感的公司对我更具吸引力	1　2　3　4　5
T4	工作和生活得到保障使我有安全感	1　2　3　4　5
T5	我希望有一份让我有稳定感和安全感的工作	1　2　3　4　5

附录二：调 查 问 卷[①]

团队负责人问卷

尊敬的女士/先生：

您好！感谢您在百忙之中抽出 3 分钟填写这份问卷。本问卷旨在了解您的团队成员在工作中的环保表现，答案没有对错之分，请根据实际情况填写本问卷。同时，此次问卷调查以匿名方式进行，并且只作为独立的学术研究之用，您所提供的答案会绝对保密，请您放心填写。非常感谢您的帮助，祝您工作顺利，生活愉快！

请您仔细阅读以下陈述，根据该成员工作中的环保表现进行评价，所选数字越大表示对该项越赞同。即：

1：完全不同意　2：比较不同意　3：既不同意也不反对　4：基本同意　5：完全同意

员工号 NO. ________

题　项		您的同意程度
T1	他以环保的方式充分履行了分配给他的责任	1　2　3　4　5
T2	他以环保的方式实现了他的岗位职责	1　2　3　4　5
T3	他以环保的方式完成了他应当完成的任务	1　2　3　4　5

① 此为第六章调查问卷。

续表

题　　项		您的同意程度
T4	他会主动抓住机会积极参与工作中的环境保护事项	1　2　3　4　5
T5	他主动采取环保的方式工作	1　2　3　4　5
T6	他在工作中为环保做的事情比他应当做的更多	1　2　3　4　5

成员问卷

NO. ________

尊敬的女士/先生：

您好！感谢您在百忙之中抽出 3 分钟填写这份问卷。本问卷旨在了解您工作中的环保行为，答案没有对错之分，请根据您的实际情况填写本问卷。同时，此次问卷调查以匿名方式进行，并且只作为独立的学术研究之用，您所提供的答案会绝对保密，请您放心填写。

非常感谢您的帮助，祝您工作顺利，生活愉快！

第一部分：

以下是关于您的团队内日常交流的描述，请根据您的实际情况在相应的数字上打"✓"，所选数字越大表示对该项越赞同。即：

1：完全不同意　2：比较不同意　3：既不同意也不反对　4：基本同意　5：完全同意

题　　项		您的同意程度
T1	团队其他成员试图说服我在工作场所减少、再利用和回收办公用品	1　2　3　4　5
T2	团队其他成员和我一起努力创造一个更环保的工作环境	1　2　3　4　5

续表

	题　　项	您的同意程度
T3	团队其他成员与我分享防止在工作中造成污染的知识、信息和建议	1　2　3　4　5

第二部分：

一、请您仔细阅读以下陈述，根据您的实际想法在相应的数字上打“√”，所选数字越大表示对该项越赞同。即：

1：完全不同意　2：比较不同意　3：既不同意也不反对　4：基本同意　5：完全同意

	题　　项	您的同意程度
T1	单位的不环保行为违反了我的环保原则	1　2　3　4　5
T2	为了给环境改善作贡献，我承诺会践行环保行为	1　2　3　4　5
T3	我会为没有在单位采取环保行为而感到内疚	1　2　3　4　5

二、请您仔细阅读以下陈述，根据您的实际想法在相应的数字上打“√”，所选数字越大表示对该项越赞同。即：

1：完全不同意　2：比较不同意　3：既不同意也不反对　4：基本同意　5：完全同意

	题　　项	您的同意程度
T1	我钦佩那些主动或参与帮助我们社区活动的人	1　2　3　4　5
T2	对我来说，为能解决社会问题的活动作出贡献很重要	1　2　3　4　5
T3	对我来说，有意义的公共服务活动很重要	1　2　3　4　5
T4	对我而言，为社会公益作贡献很重要	1　2　3　4　5
T5	我时刻准备着为社会的利益做出牺牲	1　2　3　4　5

续表

题　　项		您的同意程度
T6	我认为应该将公民义务放在个人利益之上	1　2　3　4　5
T7	我愿意冒个人损失的风险来帮助社会	1　2　3　4　5
T8	我会赞同那些让穷人过上更好生活的好计划，即使要花我的钱	1　2　3　4　5
T9	我同情弱势群体的困境	1　2　3　4　5
T10	当看到他人遇到困难时，我会很难受	1　2　3　4　5
T11	当看到他人遭到不公正对待时，我会很气愤	1　2　3　4　5
T12	他人是否幸福很重要	1　2　3　4　5
T13	我认为公民机会均等很重要	1　2　3　4　5
T14	我认为保证公民可以享有可持续的公共服务供给很重要	1　2　3　4　5
T15	在制定公共政策时，必须考虑到子孙后代的利益	1　2　3　4　5
T16	公职人员的行为一定要符合伦理道德	1　2　3　4　5

三、以下是对您所在部门和团队内同事日常行为的描述，请根据您的感受在相应的数字上打“✓”，所选数字越大表示对该项越赞同。即：

1：完全不同意　2：比较不同意　3：既不同意也不反对　4：基本同意　5：完全同意

题　　项		您的同意程度
T1	我的同事们在单位采取了环保措施	1　2　3　4　5
T2	我所在的部门正迅速推广环保实践	1　2　3　4　5
T3	我认为我的直接上级采取了环保行为	1　2　3　4　5
T4	我部门的管理层希望我展现有效的环保行为	1　2　3　4　5
T5	我的同事认为我应该在单位采取环保行为	1　2　3　4　5
T6	部门中我所重视的人支持我采取环保行为	1　2　3　4　5

第三部分：【基本信息】

请根据您的实际情况在相应位置打“✓”并填空。

1. 您的性别： A. 男 B. 女

2. 您的年龄： ________ 岁

3. 您在公共部门任职的时间： ________ 年

4. 您的婚姻状况： A. 未婚 B. 已婚

5. 您的政治面貌：

A. 中共党员(含预备党员) B. 共青团员 C. 民主党派

D. 无党派人士 E. 群众

6. 您的最高学历： A. 大专及以下 B. 本科 C. 硕士 D. 博士

7. 您的职位级别(填写相应级别即可)：

A. 办事员及以下 B. 科员 C. 副科级 D. 正科级 E. 副处级

F. 正处级及以上

问卷到此结束，感谢您的支持！

后　　记

近些年来，公共服务动机成为公共管理领域非常热门的话题，特别是随着行为公共管理理论的兴起，即整合心理学和公共管理学相关理论，从微观视角观察政府与公民之间互动的研究范式，又掀起了一波公共服务动机研究的热潮。公共服务动机成为学者们“忠爱”的一个变量，诸多研究公务员心理和行为的模型中总能看到公共服务动机的身影。这说明，无论学界还是实践界，都充分认识到公共服务动机的重要性。

笔者关注公共服务动机的文献已久，坦率地讲，真正从事公共服务动机的研究始于 2018 年。笔者一直在思考这样一些问题：中国情境下的公共服务动机的内涵是什么？与传统组织行为领域研究的工作动机或者利他主义动机有何区别？为什么同样在公共部门工作，有的公务员能够舍生忘死，竭诚为人民服务，而有的公务员却贪污腐败，追求个人享乐？随着党中央对公务员队伍建设改革的不断推进，部分公务员暴露出不作为、不会为、乱作为的现象，并引发了社会的广泛关注，如何提升公共部门员工公共服务动机成为一个棘手的问题。

在系统梳理了公共服务动机既有文献后，笔者发现，虽然该领域的成果已颇为丰硕，但真正关注本土情境下的研究并不多，国内开展的诸多实证研究实际上是对西方理论的套用。基于此，笔者产生了一个巨大的疑问：公共服务动机在我国和西方是否存在差异？若存在差异，是何种形式的差异，是内容上的差异还是程度上的差异？为了弄清该问题，笔者也借鉴了当前心理学非常流行的研究方法——元分析法，对既有使用中国样本的实证研究进行系统分析，期望通过大样本减少抽样误差来判定东西方公共服务动机的研究是否存在差异以及潜在的原因是什么。此外，正值新冠肺炎疫情爆发期，笔者通过观察发现，诸多亲属和家长期望子女进入“体制内”工作，“考公”又“热”了。笔者由此感慨，疫情是否改变了一些优质大学生的就业选择？他们之所以选择去公共部门就业到底是因为公共服务动机还是工作稳定性？个体之间又存在何种差异？了解清楚上述问题有助于后续进行有针对性的公务员选拔和培训。还有，随着“双碳”计划(碳达峰和碳中和)已成为国家重要的战略部署，环境保护又提出了更高的要求。但笔者观测到，相较于私营企业，公共部门的环保行为有巨大的改善空间，基于此，笔者试图探索公共服务动机对员工绿色环保行为的影响及作用机制。

总之，本书旨在探索中国本土化公共服务动机的研究现状，及对潜在公共部门从业人员(大学生)和公共部门雇员态度与行为的影响。然而，笔者也深刻认识到本研究存在一些不足之处，有待后续研究进一步开展：第一，本书并未直接对本土化公共服务动机的概念和内涵进行探索，而是基于已有实证研究结果进行定量的文献回顾分析，以期发掘东西方背景下公共服务动机的异同。未来研究需要深入挖掘本土化公共服务动机的特色，是否展现为更多的工具性动机或者利他性动机，需要进一步厘清。第二，相较于公共服务动机的结果研究，公共服务动机如何形成和塑造关注较少但更具实践指导价值。如何充分发挥党建引领对公共服务提升的重要作用等是值得深入思考的话题。第三，本书的实证研究为横截面研究，因此不能有效地推断变量之间的因果关系。未来需要通过多方法、多渠道、多时间点等方式，更加科学严谨地获取调研信息，以此得到更为精准的结论。第四，鉴于笔者的关注点，本研究仅选取了四个子研究，但不管是对公共服务前因还是结果的研究，尚有大量的空白处值得进一步思索。

笔者在撰写此书的过程中，受到了来自导师、学院领导、圈内同仁、MPA 学生、亲朋好友和学生等多方的帮助，在此，特别鸣谢，并以此书作为一份薄礼。

最后，此书的顺利完成需要感谢笔者的研究团队。笔者的硕士研究生李卓尔、彭玉双、陈甜、宋欣怡和本科生田诗捷、李博伦，参与了本书的资料收集、元分析编码、文字撰写和格式编排等实质性的工作，感谢他们的付出！

由于笔者学识有限，本书尚有一些不足之处，敬请读者予以批评指正！

陈　诚

2022年6月于喻家山